WORK STYLE INNOVATION

日立ソリューションズ
松本 匡孝 著

日立ソリューションズの
**働き方改革は
なぜ成功したか**

はじめに

　「働き方改革」という言葉が大きく注目され始めたのは、安倍政権による2016年6月「ニッポン一億総活躍プラン」閣議決定が発端である。その後政府主導により労働基準法第36条に基づく労使協定（36協定）の在り方についての再検討など、長時間労働の是正に向けたさまざまな取り組みが検討された。

　そして2018年6月に「働き方改革関連法」が参院本会議で承認され、残業時間の上限規制（年720時間、単月100時間未満）により違反への懲役や罰金が制定された。

　背景には企業における過労死等が多発し社会問題となっていることや、労働力人口の減少。さらには日本の労働生産性はOECD（経済協力開発機構）加盟35カ国中20位であり、主要先進7カ国の中で最下位という結果（2017年調査）からも、現状のままでは日本のGDP低下が避けられない状況といえる。

　この影響から各企業は長時間労働の是正や多様な勤務形態、テレワークの推進、生産性・業務品質の向上などの対応を喫緊の課題として認識している。

　このような社会的背景から「働き方改革」は多くの企業が企業戦略の一環として取り組んでおり、さまざまな事例がメディアで取り上げられている。

　たとえば、ある企業では業務の効率化を目的に残業削減・休暇取得などの推進に対してインセンティブを支給する制度を導入している。また、働き方改革をテーマに複数の分科会を設置しITの活用や、残業削減により得られた利益を社員教育というかたちで社員に還元する企業もある。ユニークな取り組みとしてはフリーアドレスの着席場所を毎朝抽選で決定し社員間のコミュニケーションの活性化を図る企業も

ある。

　これらの取り組みを行っている企業は、フリーアドレスによるオフィススペースの削減やペーパレス化を促進し経費削減効果はもちろん、離職率の低下による雇用・教育コストの削減、さらには生産性の向上、社員のモチベーションアップの効果も合わせ、利益率を押し上げているとの成果も報告されている。

　このように成功事例が報告される一方で、働き方改革の推進は週一回の定時退勤日の制定や朝型勤務の推奨、フレックス制度の導入などの施策に留まり、テレワークを実施するための規約改定や社外からVPN接続可能なIT環境を導入したものの、社員にほとんど利用されないといった課題も聞こえてくる。

　今や働き方改革に取り組んでいる企業は"Robotics Process Automation（以降RPAと表記）やAI（Artificial Intelligence）により業務を自動化し経費を削減する"という施策に置き換えて実行している企業が多いように思える。しかしRPAを導入するにしても各現場の社員が自動化の対象とする業務の明確化とRPAツールを活用してロボット開発を行うといった現場主導の進め方になる。仮にロボット開発をIT部門が受託するにしても対象業務を明確化するには各現場の積極的な関与が必要であり、"単なるRPAツールの導入"という進め方では現場の協力は得られない。

　では、働き方改革への意識が全社員に浸透している企業がRPAを導入したらどうだろう。

　RPAを導入する際に進める分科会やWorking Group（以降WGと表記）等に、RPAの導入が働き方改革施策の一環であれば、組織内にも業務自動化の担当者、つまりRPA担当者が任命されWGへの参画は通常の業務タスクとして組み込まれることになるだろう。

　日本企業は、米国企業のようにCEOやCIOの権限によりトップダ

ウンでITツールの導入が進むというわけではなく、現場が納得したうえで定着していくパターンが一般的である。要するに新たなツールや仕組みを進めるためには現場の意識改革が重要であり、このような理由からも働き方改革を社員に浸透させることが、ITツールの活用・定着という好循環につながる。

　当社は働き方改革の推進において、「制度改定」、「風土改革」、「ITツール活用」の三位一体の取り組みを推進しており、各種制度・施策やツールの推進・定着に一定の成果を上げている。

　本書では当社の働き方改革について、取り組みのきっかけから、取り組み概要、施策の詳細、IT活用におけるケーススタディについて記載している。

　また、＜付録＞として当社の働き方改革の目的に関して、推進における課題の分析と、解決するための施策やITをまとめているので、全体像の確認または、貴社における施策の策定やIT選定を行う際の検討ツールとして活用していただきたい。

　働き方改革推進のアプローチやゴールは各社によりさまざまであるが、本書が読者の働き方改革推進における一つのモデルとして参考になれば幸いである。

株式会社日立ソリューションズ
松本　匡孝

CONTENTS

はじめに………………………………………………………… 2

Chapter1　合併・再編による変貌をきっかけに …………… 11
1-1　再編をめぐる沿革 ………………………………… 12
1-2　高齢化が進行する人員構成 ……………………… 13
1-3　介護負担の増加 …………………………………… 15
1-4　社員意識の変化 …………………………………… 16
1-5　ワークライフバランス効果 ……………………… 17

Chapter2　ワークスタイルを変えていく取り組み ………… 21
2-1　「働き方」への基本的な考え……………………… 23
2-2　改革の目的を明確にする ………………………… 24
2-3　具体的な目標を設ける …………………………… 25
2-4　取り組みの３つのポイント ……………………… 27
　　（1）トップダウンとボトムアップのコミュニケーション
　　（2）「ここまでやるか！」の推進力
　　（3）モチベーションの向上が事業化や営業支援につながる
2-5　具体的な取り組みの紹介 ………………………… 39
　　（1）コミュニケーション施策
　　　　トップダウンは手紙から
　　　　モチベーションを上げるボトムアップ
　　　　ムダをなくすボトムアップ
　　　　〈参考〉ムダ取りワーキンググループ活動
　　　　「成果発表会」の実施による施策の共有
　　　　双方向に広がるコミュニケーション
　　　　認知コミュニケーションとしての社内広報

（2）「ここまでやるか」の推進施策 ……………………… 55
　　幹部が率先して実施！
　　インセンティブ制度の導入
　　テレワークの積極活用
　　タイム＆ロケーションフリーワーク
　　　～サテライトオフィス勤務～
　　実施半年後に見える課題
　　勤務制限まで踏み込む健康経営
　　隠れ残業を防止する
（3）モチベーションを高める施策 ………………………… 68
2-6．改革がもたらした成果 ………………………………… 69
（1）従業員サーベイにみるプラスの方向性 …………… 69
（2）労務指標からみる改善の推移 ……………………… 72
　　月に80時間を超える残業発生率
　　メンタル疾患罹病率
　　平均残業時間
　　平均年休日数
　　営業利益率
（3）改革が変えた人財活用とムダの削減 ………………… 76
（4）表彰されてさらにモチベーションが向上 ………… 78
　　〈参考〉当社が受賞した主な取り組み

Chapter3　ワークスタイルを変える
　　　　　IT活用のケーススタディ ………………………… 83
3-1　働き方改革とITソリューション ………………… 84
3-2　テレワークのケーススタディ ……………………… 85
（1）テレワーク推進の課題 ……………………………… 85
（2）課題に対応するアプリケーションを選ぶ ………… 88

7

（3）テレワーク実施後にアンケート ……………………… 89
3-3　RPAのケーススタディ ………………………………… 92
（1）RPAが必要とされる背景………………………………… 92
（2）課題に対応するアプリケーションを選ぶ…………… 95
（3）RPA導入によるソリューション……………………… 96
　　　自動化が改革につながる
　　　現場の声を拾いながら
　　　運営に向けた専門組織の設置
3-4　ストレス予測のケーススタディ ……………………101
（1）ストレス予測が必要な背景……………………………101
（2）ストレスを予測するソリューションの開発 …………102
（3）経験と勘からデータ活用の診療へ …………………106
3-5　チャットボットのケーススタディ ………………………107
（1）多様な非定型業務の課題………………………………107
（2）課題に応えるツールを開発……………………………108
3-6　改革を支えるITツールの成長 ……………………111

Chapter4　こぼれ話 ……………………………………113
　　想定していなかった結果のこと
　　ワークスタイル変革ソリューションの未来
　　日立ソリューションズがめざすもの

あとがき……………………………………………………122

〈付録〉 ……………………………………………………124

表紙・扉の恐竜イラストについて

2億数千年前から6千数百万年前まで、地球上に繁殖していたといわれる恐竜。

太古のロマンであり地球という生物多様性の象徴です。

彼らが絶滅した理由は、諸説ありますが巨大隕石の落下による気候変化や地殻変動など、

環境の変化に対応できなかったことによるものと言われています。

もし恐竜が創意工夫や知恵の限りを尽くして

地球の環境の大変化に適応できていたなら

今でも地球上の支配者であったかもしれません。

現代に生きて、テクノロジーとともに進化している恐竜……

社会や環境の変化への適応が未来を確かなものにできること、

そんなテーマを、現代に生き残った恐竜に重ね合わせてみました。

Chapter1
合併・再編による変貌をきっかけに

1-1 再編をめぐる沿革

　まずは当社が働き方改革を推進するきっかけとなった、沿革についてご紹介しよう。

　現在の日立ソリューションズは、これまでに2度の大きな再編を行っている。

　2010年10月の日立ソフトウェアエンジニアリング株式会社と株式会社日立システムアンドサービスの2社の合併と、2015年4月に行われた組織再編に基づく株式会社日立製作所への金融と公共、社会分野のシステムソリューション事業の移管である。

　この2度の再編により当社は、製造、流通、サービス、通信を中心とした事業構造となり、社員数も約半数の5,000人に縮小し、売上も半減することになった。

　問題となったのは、それまで金融、公共、社会分野のシステムソリューション事業において、すべてではないが、日立製作所からシステム開発やシステムインテグレーションを当社が受託するなど、日立製作所と協力して対応するような案件もあったが、今後は産業、流通、サービス分野を中心に当社主体で受注を獲得する状況になったことだ。

　製造業はIT投資に積極的ではあるものの、ものづくりと同様のコストの観点でIT投資には慎重といえる。また流通やサービス業においても、コストに対する考え方は製造業以上にシビアな傾向がある。

　この頃に現在の「働き方改革」につながるさまざまな取り組みが各現場で立ち上がっており、具体的には、全社的には各部門に仕事のやり方を見直す業務改善ワーキング、後の「仕事のムダ取りワーキング」などの取り組みがあり、営業部門においては受注拡大に向けたターゲット市場や戦略製品を絞り込んだ拡販活動、製品事業部門においては「イノベーション」をキーワードに新たな製品やサービス開発プロ

ジェクトが発足するなど、後に全社をあげた働き方改革へつながっていくことになる。

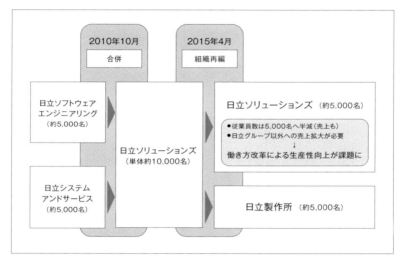

図1-1　再編をめぐる沿革

1-2 高齢化が進行する人員構成

　当社の働き方改革への取り組みにつながった背景には、もう一つ潜在的な懸念があった。それは社員の高齢化だ。

　当社の人員構成において、2016年4月時点で20代の占める割合は15%で、30代が34%、40代が34%、50代は17%、そして40代以上が全体に占める割合は51%であった。ところが、2020年4月時点の推定では、20代は14%、30代は大きく減って24%となり、特に50代以上が約30%を占め、40代以上の割合は62%に増加する。ここで懸

1. 合併・再編による変貌をきっかけに

念材料となるのは50代の比率が高いということである。
　実は筆者も50代であるが、50歳を超えると物忘れが多くなり人や物の名前がなかなか出てこない。会話に「アレ」、「ソレ」が増え、常時「なんだっけ？」、「ど忘れした！」を連呼する。しかし懸念はそこではない。
　50代の親の年齢は主に70代後半から80代であり、介護または生活のケアが必要になってくる可能性がある。
　たとえば、親の具合が悪くなり、急きょ朝から病院へ付き添う必要や、親が要介護認定を受けていれば、デイサービスの送迎に対応するために朝の送出しや夕方の出迎えが必要になる。このような事情があると社員は通常時間帯の勤務が困難になる可能性があり、休職さらには退職という苦渋の選択を迫られることになりかねない。
　社員が介護と仕事の両立を実現するためには、各社員の私的な事情にも配慮した勤務制度や勤務環境が求められる。

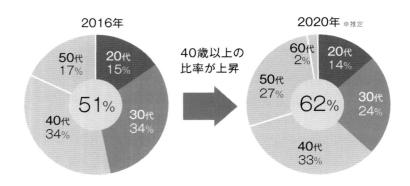

図1-2　当社の人員構成

1-3 介護負担の増加

　社員の高齢化という懸念は、当社に限ったことではない。

　国立社会保障・人口問題研究所「日本の将来推計人口」から引用した、労働者の介護負担について記載した資料によると、2012年は要介護者数を介護者母数で割った数値が6.8%であるのに対して、2017年には7.9%、2030年には9.3%となり、1人あたりの介護時間も138時間、160時間、187時間と増加し、2012年と比べると2030年は1.4倍の介護時間になる。現状の労働力不足に加えて働き手は介護にも時間を取られることから、労働力不足は実数値以上に深刻であるのが実情ではないだろうか。

　つまりこれまでのように企業が人を集めたい時に集めて、働かせたい時に働かせるという企業の都合で労働力を確保する時代ではなくなってきている。

　個人的な事情により働きたいけれども働けないという人は年々増加していくのだ。

	2012年	2017年	2030年
要介護者数(a)	5,486	5,985	6,269
介護者母数(b)	80,173	75,245	67,730
(a)/(b)	6.8%	7.9%	9.3%
1人あたりの介護時間	138	160	187 ※1.4倍 (12年比)

出典:国立社会保障・人口問題研究所「日本の将来推計人口」

図1-3　労働者の介護負担

1-4 社員意識の変化

　今後、企業の労働力を担う若手社員の働くことの意識に関して、興味深い調査結果があるので紹介する。

　日本生産性本部が実施している「2017年度 新入社員 秋の意識調査」である。

　働き方改革に関連するところで特に興味深いところは、「子供が生まれた時には育休を取得したい」との設問に対して、男性の79.5%が「そう思う」と回答しておりこの結果は過去最高を更新している。男性も積極的に育児に参加するという考え方は近い将来"当たり前"となり、「イクメン」という言葉すら聞かなくなるかもしれない。

　3つ目の設問では、「残業が多く、仕事を通じて自分のキャリア、専門能力の向上に期待できる職場」と「残業が少なく、平日でも自分の時間を持て趣味などに時間が使える職場」と、どちらを好むかとの問いに対しては、全体で82.5%が「残業が少ない職場を好む」と回答しており、過去最高であった2016年度（86.3%）に次ぐ高水準であった。

　かつては残業代で収入アップを図りたいと考える人が多かったと思うが、若い世代は収入よりも自分の時間を大切にする傾向があるようだ。

　働き方改革に関係するかは微妙ではあるが、「条件の良い会社があればさっさと移る方が得だ」との設問に対しては、44.0%が「そう思う」と回答している。2016年度が過去最高（54.6%）であったことを考えると会社への帰属意識が少しではあるが上昇しているのかもしれない。

　原因は詳しい調査が必要ではあるが、考えられる要素としては近年の雇用拡大傾向により希望する企業や職種に入社できていること、または企業が働き方改革を推進した成果が社員のエンゲージメントに好

影響を与えていることがある。

　真実は不明であるが後者であることを期待したい。

	新入社員の意識		割合	備考
1	子供が生まれた時には育休を取得したい	男性	79.5%	過去最高を更新
		女性	98.2%	
		全体	85.2%	
2	外国人上司でも問題なし	男性	91.0%	2017年 新設質問
		女性	92.9%	
		全体	91.6%	
3	残業の少ない職場が良い	男性	77.3%	過去最高を記録した2016年度(86.3%)に次ぐ高水準
		女性	94.7%	
		全体	82.5%	
4	自分には仕事を通じてかなえたい夢がある	男性	39.8%	2016年度 過去最低を記録(37.8%)
		女性	41.8%	
		全体	40.4%	
5	条件の良い会社があればさっさと移る方が得である	男性	49.2%	2016年度 過去最高を記録(54.6%)
		女性	32.1%	
		全体	44.0%	

出典:日本生産性本部「2017年度新入社員 秋の意識調査」

図1-4　新入社員意識調査

1-5 ワークライフバランス効果

　ここで「ワークライフバランス」についても触れたい。

　最初に働き方改革が注目集めた2006年ごろ、同時に使われた言葉が「ワークライフバランス」であった。今更言葉の定義を説明するまでもないが、「生活と仕事の調和・調整」である。定義は、生活の充実によって仕事がはかどり、仕事が上手くいけば、私生活も潤うという生活と仕事の「相乗効果」のことだ。筆者もそうであるがおそらく昭和世代にとっては社会人たるものはプライベートを犠牲にしてでも仕

17

事を優先するという考え方が染みついていることもあり、ワークライフバランスの効果が今一つピンとこないのが本当のところではないだろうか。

その効果について参考になる調査結果があるので紹介する。

少し古いデータになるが電機連合「仕事と生活の調和に関する調査」における従業員の意識の分析結果である。

ここでは2つの質問をしている。一つ目の質問Aは、「あなたの勤務先は従業員の仕事と生活の両立について配慮していると思いますか」、二つ目の質問Bは「あなたは今の仕事にやりがいを感じていますか」という質問である。

回答を見てみると、質問Aに「非常に配慮している」と回答した人の中で、質問Bの「非常に（やりがいを）感じている」（38.2%）、「ある程度（やりがい）感じている」（46.1%）と回答した人の割合を合計すると実に84.3%がやりがいを感じていることになる。その比率は質問Aの「やや配慮している」においても同じで、やりがいを感じているという回答比率は75.1%で、質問Aで「まったく配慮していない」と回答した人のやりがいが38.4%であることを考えると、社員の仕事と生活の両立について配慮している企業の社員はやりがいが圧倒的に高いといえる。（図1-5）

つまりワークライフバランスは社員の仕事へのモチベーション向上に貢献することはデータからも証明されている。

質問A	あなたの勤務先は従業員の仕事と生活の両立について配慮していると思いますか。
質問B	あなたは今の仕事にやりがいを感じていますか。

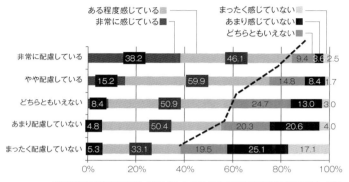

出典：2007年5月労働調査協議会 特集1.「ワーク・ライフ・バランスの意義と課題」活用に関するアンケート調査
電機連合「仕事と生活の調和に関する調査」における従業員の意識の分析結果。

図1-5 ワークライフバランスの効果

Chapter2
ワークスタイルを変えていく取り組み

2. ワークスタイルを変えていく取り組み

　当社の働き方改革は2014年から推進してきたが、効果という面ではまだまだという状況であった。
　具体的には、テレワーク制度についても利用率は高いとは言えず、残業削減を目的とした毎週水曜日の定時退勤日についても業務への影響から徹底することが難しく、それを改善するための業務の効率化や生産性向上WGなどを推進するも、常習化している長時間の会議や過剰な情報量と体裁にこだわった分厚い紙の資料が無くなることはなかった。
　このような状況を打破するために、2016年9月に働き方改革をより強化し、全社施策として取り組みを開始した。

図2-1　全社施策としてのキャンペーン(2016年9月～)

2-1 「働き方」への基本的な考え

　当社がめざすのはワークライフバランスによる個人と企業との相乗的な好循環をもたらすことである。

　個人が健康で幸せであれば高いモチベーションで仕事を行い、仕事の生産性や質が高まり会社の業績が向上する。業績が向上すれば会社は社員に賃金や福利厚生で投資することにより、社員の働きがいとなってさらに業績が向上するという考え方である。

　大きくは「柔軟な働き方のできる職場」、「一人ひとりがイキイキと活躍できる職場」、「労働時間の短縮／生産性の向上」という３つのテーマが関連している。

　育児・介護などの個人の事情に考慮した「柔軟な働き方ができる職場」は、社員の休職や退職を防止できるだけでなく、立場や考え方の異なる社員が同じ職場で働くことにより、これまでの硬直化した思考プロセスから脱却し新たなアイデアを生み出す創造性の高い職場環境を実現する可能性がある。それがお互いを認め合う・ほめ合う風土を醸成できれば、働きがい・やりがいにつながり「一人ひとりがイキイキと活躍できる職場」となる。またコンプライアンスの遵守による隠れ残業防止や長時間労働対策、生産性／効率の向上により「労働時間の短縮、生産性の向上」という効果をもたらし、自由に使える時間が増えることで「柔軟な働き方のできる職場」や「一人ひとりがイキイキと活躍できる職場」づくりに貢献する。

　当社の働き方改革はこれらの３つのテーマをベースに施策やITの活用を進めている。

2. ワークスタイルを変えていく取り組み

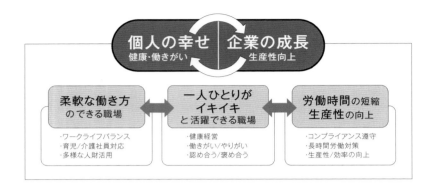

図 2-2　当社の働き方改革　3つのテーマ

2-2 改革の目的を明確にする

　働き方改革の推進にあたり、指標となる数値つまりKPI（Key Performance Indicator）を設定するが、まず何を指標とするかを明確にする必要がある。考え方として「バックキャスティング」を取り入れ、あるべき姿を「目的」として設定し、それを実現するために解決すべき課題を明確化し、施策の実施やITを活用して対応していくというアプローチだ。

　当社が設定した3つの「目的」について、次図（2-3）にその内容と解決すべき課題を記載する。

　これらを解決するために、新たな施策の制定やITを活用する必要がある。また施策やITの活用に弊害となるような現状の規約改定や施策を安全に確実に実行し運用するためのルール作りが重要となる。

　課題解決における詳細については、当社の事例をベースにお客様向けに働き方改革の課題と解決の方向性の整理に活用している＜付録＞

「働き方改革の課題と解決」資料を参考にしていただきたい。

目的1	健康で無理のない労働時間・環境の整備 社員の健康・安全を第一に優先した労働時間ルールを定め、厳守する職場
	解決すべき課題 ・長時間労働の実態を把握できない ・必要のない残業が多い ・一定期間業務が集中し残業時間が増加する ・社員に長時間労働を抑止する効力が弱い
目的2	柔軟な発想による新規事業の創出 創造性の高い仕事や、生産性を高めることへの意欲が高い職場
	解決すべき課題 ・職場に創造的な仕事を支援する風土がない ・必要な情報や知識を活用できない ・非効率なコミュニケーション環境
目的3	多様性を尊重する組織風土の醸成 異なる価値観を持つ社員を受け入れ、活躍できる職場
	解決すべき課題 ・社員のテレワーク等の制度利用が進まない ・働く側の事情に配慮した仕事環境に なっていない

図2-3　目的の設定

2-3 具体的な目標を設ける

「目的」の次に設定することは具体的な目標、つまりKPIだ。
設定した目標とスローガンは以下の通りである。

　スローガンはワークライフバランスの実現をテーマに「『個人の多様性・働きがい』と『経営効率・生産性向上』の両立をめざす全社運動」

25

としている。KPIは以下の内容を設定した。

「メンタル疾患罹病率をIT業界最低水準に！」

　厚生労働省の調査によるとIT業界（情報通信業）のメンタル疾患罹病率は2.0％である。これは日本の全業種平均が0.4％であることと比較すると、なんと5倍の高さである。2番目に高い電気・ガス・熱供給・水道業が0.7％、3番目に高い金融・保険業が0.6％であることを考えるとIT業界においていかにストレスを抱えている社員が多いかが分かる。

　当社はこのIT業界平均値2.0％の高い罹病率の約4分の1となる0.6％に目標を設定している。

「総実労働時間を100時間削減！」

　この数値は1人あたりの年間の労働時間を100時間削減しようという目標である。

　2016年度の実績で、1人あたりの平均年間労働時間が約2,000時間であったことを考えると、約5％に相当する労働時間の削減だ。

「育児・介護を理由とした退職者をゼロに！」

　当社では、毎年数名の社員が育児・介護への負担により仕事との両立ができないことを理由に退職している。

　このような個人の事情による退職者をゼロにするため、柔軟な働き方ができるような制度改定やサテライトオフィスの充実、テレワーク環境の整備等を急ぐ必要があった。

「個人の多様性・働きがい」と「経営効率・生産性向上」の
両立をめざす全社運動

目標	メンタル疾患罹病率をIT業界最低水準に!
	総実労働時間を100時間削減!
	育児・介護を理由とした退職者をゼロに!

図2-4　目標の設定

2-4 取り組みの3つのポイント

　ここからは当社の働き方改革への取り組みを紹介する。

　施策は大きく分けて3つのポイントがあげられる。

　一つ目のポイントは、「コミュニケーション(トップダウンとボトムアップ)」である。

　これは、トップの本気度を社員や当社のお客様、さらには社員の家族にトップ自身がダイレクトに伝えるということ。

　また、現場の意見や悩みを会社が本気で聴くことで、現場で起こっている問題の解決や仕事の進め方の改善に役立てようというものである。

　二つ目のポイントは、「真摯に徹底して推進」である。

　会社が本気で取り組んでいることを社員に理解してもらうためには、経営幹部自らが実践・率先垂範することだ。

　実はこれにはもう一つの狙いもあり、まずは働き方改革のメリット

2. ワークスタイルを変えていく取り組み

や効果を幹部に肌で実感してもらうことにもなるのだ。やったことのない人が想像で効果を語っても説得力がないのは常である。

また、働き方改革を支援するための新たな施策の実施や、これまで不十分であった施策や環境の整備もこれを機に取り組んだ。

三つ目のポイントは、「社内の取り組みを→事業化や営業支援に」である。

働き方改革を実現するためにはさまざまな施策とそれを推進するITツールがポイントになる。

当社はIT企業であることから、自ら実践した成果や知見を活かしてコンサルティングやITソリューションとして新たな事業化を図るものである。

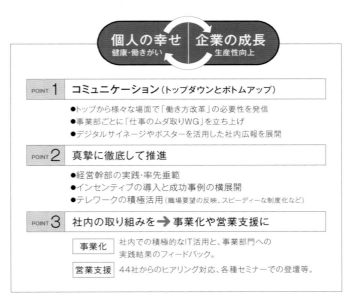

図2-5　取り組みの3つのポイント

（1）トップダウンとボトムアップのコミュニケーション

取り組みの3つのポイントについて、それぞれの詳細を解説していく。

一つ目のポイントの「コミュニケーション（トップダウンとボトムアップ）」についてであるが、トップダウン、ボトムアップ、社内広報の3つのテーマで施策を推進した。

「トップダウン」

最初に「トップダウン」であるか、当社の事業はITや情報システムの開発を通じてお客様の課題を解決していくことである。SE（システムエンジニア）はお客様と一緒にプロジェクトを推進し、時にはお客様先に常駐し情報システムの運用支援を行っている。

このような仕事に携わる社員は当然、仕事の進め方は、お客様の都合に合わせることが通常であり、当社の勤務時間や制度を押し付けることはできない。

そこで、お客様に当社の働き方改革へのご理解のため、当社社長からお客様の経営幹部や事業責任者宛に「お手紙」を送っている。

「お手紙」の本来の目的は常駐者やプロジェクトに参画している当社社員の長時間残業の防止や年次有給休暇（以降年休と表記）取得推進など働き方改革の実践の理解を促すものだったが、「お手紙」を受け取ったお客様は当社の取り組みに関心を持ち、お客様自らも働き方改革に取り組むという効果があった。当然、当社の取り組みを説明する機会を持つことになり、ITソリューションの提案に至ったことは言うまでもない。

また、社長からの「お手紙」は社員の家族にも送られている。

「お手紙」については、当初は社員の家族までは想定していなかっ

た。しかし、社員から自分の家族にも同様の手紙を送ってほしいとの要望があったのだ。それは、働き方改革を実施したことで、社員が早い時間に帰宅する日があったり、通常よりも早い時間に出勤したりするのだから、家族から不信感や不安をいだかれることもある。言われてみればもっともなことかもしれない。

　このような配慮から社員の家族宛にも「お手紙」が送られた。もちろん筆者の家族にも社長名で手紙が届いたわけである。社長からダイレクトで手紙が来ることは通常では考えられないことであるため、筆者の妻は夫が懲戒免職になったと勘違いし、開封して中身を確認するまでは大騒ぎであった。

「ボトムアップ」

　次に「ボトムアップ」である。働き方改革を推進するにあたり、ムダな仕事や風習をやめようとの目的に始まった取り組みが「仕事のムダ取りワーキング」（以降「ムダ取りWG」と表記）である。

　ムダなことをやめることは残業削減には有効な手段であることは間違いないが、何がムダで、何が必要なのかを会社として把握できていない。また「ムダ」と判断する統一的な基準がなく、ムダを削減することは極めて難しい作業であった。

　そこで現場の実態を把握し、さらには現場の意見や要望、悩み、特に若手・中堅社員の想いに会社が耳を傾けることを目的にムダ取りWGが発足した。

　このムダ取りWGは、後ほど解説するRPAの活用に不可欠な業務プロセスの見直しや、自動化対象業務の抽出に大きく貢献することになる。

「社内広報」

　最後に「社内広報」であるが、当社は2010年の合併を機に、現在の

働き方改革につながるようなさまざまな施策を実施してきた。長時間労働対策や外部講師を招いてのダイバーシティ講習会、経営方針を社員に伝える幹部講話や幹部との懇親会、もちろんテレワーク制度の整備も行ってきたが、社員への浸透が足りず、イベントへの社員の参加率も低く、テレワークについてもほとんど利用されていない状況であった。

そこで「社内広報」施策として、親しみやすいカエルのキャラクターを制作し、デジタルサイネージやポスターを社内のいたるところに配置し、社員への積極的な周知を行った。

社員に対して「これまでの取り組みとは違うぞ！」、「会社は本気でやるぞ！」といった意気込みを訴求することが目的だ。

POINT 1 　コミュニケーション（トップダウンとボトムアップ）

トップの本気度を徹底して伝え、現場の悩みを本気で聴く。

● トップダウン

トップメッセージ、お客様向け/社員ご家族向けお手紙、
（経営幹部と現場社員の）小規模集会…
様々な場面で「働き方改革」の必要性を発信。

● ボトムアップ

事業部ごとに「仕事のムダ取りWG」を立ち上げ。
現場の若手・中堅社員の意見や要望を、
日々の仕事の進め方に反映。

● 社内広報

社員に興味を持ってもらい施策の浸透を促進するため、
親しみやすい「カエル」キャラクターを制作。
デジタルサイネージやポスターを活用した社内広報を展開。

図2-6　取り組み①コミュニケーション施策

（2）「ここまでやるか！」の推進力

　二つ目のポイントである「真摯に徹底して推進」についてである。
　これまでも残業削減を目的に朝型勤務を推奨し、その一環として本社ビル内の社員食堂で朝食を無料提供するなどの試みや、20時以降の残業を禁止する通達の配信、定期的な勤怠実績の監査を行うなどの取り組みを行ってきたが、より一層の残業削減や年休取得日数の増加を目的に、幹部が率先して実施、インセンティブの導入、テレワークの積極活用、健康・コンプライアンスの徹底の4つのテーマで施策を推進した。

「幹部が率先して実施」

　当社の働き方改革における年間の年休取得日数は20日を目標にしている。単純計算すると月に1日だけ年休を取得すれば年間12日取得したことになる。残りの8日は5月の連休や夏季休暇、年末年始等の連休に年休を追加することで、取得できることはこれまでの実績で分かっていた。
　問題はベースとなる月に1日の年休取得をどうやって促すかである。当然仕事のスケジュールもあるが年休を取得することが難しい雰囲気が職場にある可能性がある。そこで幹部が率先して年休を取得することで社員が休みやすくなるという考え方である。
　具体的には、「月イチ年休取得状況」として役員・事業部長の年休取得状況をイントラに公開し、全社員が参照できるようにすることである。
　幹部にしてみれば他の幹部の取得状況も見えるため、常に比較される中で自分だけ休まないことは自部門の部下に対してもうしろめたさ的なものがあるようで、少なくとも幹部の年休取得率向上には貢献していると思われる。

参考までに、ある幹部は「土日だけでもきついのに、平日も休むのはつらいんだよな」と寂しいコメントをしていたが……。

「インセンティブの導入」

さらなる残業削減と年休取得を目的に社員のモチベーション向上を狙ったものであり、成果を上げた社員個人に半年に一度の賞与と合わせてインセンティブを支給するというものだ。

ただし、これは個人別の評価ではなく本部別に平均残業時間／月イチ年休取得率／長時間残業者率(45hr超残業者の比率)、の3指標をポイント化しランク付けを行う。

インセンティブの内訳は、総合評価でゴールドを獲得した場合は15,000円、シルバーが10,000円、ブロンズが5,000円となっており、ポイントが達しなかった本部は支給無しとなる。

「テレワークの積極活用」

実は当社は以前からテレワーク制度を実施しており、2014年には日本テレワーク協会が主催する「第15回テレワーク推進賞」にて優秀賞を受賞した実績を持つ。しかし実態はテレワーク制度の定着には課題もあった。

そこでこれまでの制度利用の弊害となっていた利用の前提条件が記載された規約の改定により、特定の条件を満たす必要があった利用条件を撤廃した結果、社員の約6割にあたる3,000人が日常的にテレワークを利用できるようになったのである。合わせてサテライトオフィス環境も日立グループの施設管理会社や日立グループ外のサテライトオフィス提供会社と契約し、都内主要駅40カ所で利用できるようにした。

「ここまでやるか！健康・コンプライアンスの徹底」

　健康経営を目的に健康診断の結果によっては、就業制限・残業禁止措置を行う。

　具体的には糖尿病検査値（HbA1c（JDS））と血圧検査値（拡張時）の検査結果が基準値を超える場合などに適用する。

　数値によっては自宅療養というかたちで出勤を停止する措置を行う徹底ぶりだ。

　まさに「そこまでやるか！」である。

POINT 2 　**真摯に徹底して推進**

朝型勤務推奨、20時以降の残業禁止、定期的な勤休実績監査に加え…

●幹部が率先して実施!!

役員・事業部長の **月イチ年休取得状況を公開** ※月1日以上の年休取得。年度合計20日（目標）

●インセンティブの導入

・平均残業時間/月イチ年休取得率/長残者(45hr超)率、の
　3指標を本部別にポイント化し、ランク付け
・効果的な時短・生産性向上施策は**全社に横展開**を図る

総合評価インセンティブ内容	
ゴールド	￥15,000/期
シルバー	￥10,000/期
ブロンズ	￥5,000/期
その他	無し

●テレワークの積極活用

・社員の6割**約3千人が日常的に利用可能な制度**として導入
・都内主要駅に**約40か所のサテライトオフィス**を整備

●ここまでやるか!健康・コンプライアンスの徹底

健康診断結果で**就業禁止**

図2-7　推進施策の内容

（3）モチベーションの向上が事業化や営業支援につながる

　三つ目のポイントの「社内の取り組みを→事業化や営業支援に」についてである。

　当社は働き方改革の実現に必要な要素として「制度改定」、「風土改革」、「ITツール活用」が必要だと考える。このどれが欠けても真の働き方改革を実現することは難しい。

　当社はこれまで取り組んできた経験を通じて得た知見やノウハウを活用し事業化を進めている。

　事業化には当社がIT企業ということもあり、「ITツール活用」の拡販が最終目的になるが、働き方改革の実現に不可欠な「制度改定」、「風土改革」は、当社の働き方改革推進の取りまとめとなる人事部門や、働き方改革ソリューションを事業として推進する担当事業部のメンバーにてお客様向け説明会やワークショップなどを開催し導入を支援している。

　社員の柔軟な働き方、組織の生産性向上、一人ひとりがイキイキと活躍できる環境の整備の3つのテーマで施策を推進した。

　ワークショップにて利用している「働き方改革の課題と解決」は付録にて添付しているので参考にしてほしい。

　なお、当社の働き方改革ソリューションを構成するITツールは、働き方改革を3つの要素に分類しその要素ごとに配置している。

　詳細は当社の営業に問い合わせいただければ、すぐに各製品の説明資料を持って伺うであろうから、あくまでもITツールについては実施施策や制度との関連性を中心に概要のみを解説する。

「社員の柔軟な働き方」

　制度として「タイム＆ロケーションフリーワーク制度」（当社のテレワーク制度の名称）、「フルフレックス・裁量労働勤務制度」を実施している。これは主にテレワークの仕組みであるため、ITに求められる要素はどこからでも社内に安全に快適にアクセスできることが求められる。それを実現するITは「テレワーク」、「リモート会議」、「スマホ活用」などであるが、テレワーク実施時の作業内容の見える化やコミュニケーション支援として、「テレワーク就業管理」を利用している。

　構成は「セキュリティPC」と呼ばれる日立グループ共通のシンクライアント端末を活用し、社外からVPN接続でイントラネット内の業務システム、またはイントラネットを経由してWebサイトやクラウドサービス等にアクセスする。

　リモート会議については、Microsoft社のSkype for Businessを利用しセキュリティPCにカメラ／マイク（ヘッドセット）を実装してオンラインミーティングを行うことができる。

　スマホ活用につては、VPN接続アプリケーションを実装した会社支給のiPhone／iPadを利用しているが、端末紛失時もデータのリモート消去が可能な機能も実装しており、情報漏えい対策も行っている。

　また、テレワーク就業管理については、Skype for Businessと連携したPCのデータ自動取得ツールを利用し詳細な作業内容を共有しながらテレワーク中の社員との円滑なコミュニケーションを支援する環境を整備している。

「組織の生産性向上」

　「部門別、仕事のムダ取り活動」と「ワークスタイル・インセンティブ制度」を実施しているが、ムダ取りWGにて抽出したムダをITにより解決する。たとえば会議に関して「準備に時間がかかる」、「議事録作成が負担になっている」といったムダ（課題）であれば、Web上での

資料の事前レビューやペーパレス会議などにより会議効率化を支援するITを活用する。社内の情報検索や問い合わせに時間がかかっていたり、情報がどこあるかわからず探せないといった課題には「AIチャットボット」を活用してFAQや情報検索により効率的に情報を取得することができる。またムダな業務ではないにしても入力作業やシステムへの繰り返し操作が多いといった課題には「RPA」が効果を発揮する。

このようにITを積極的に活用することで残業時間の削減が可能になり、結果として残業削減／年休取得／長時間残業者率の低下という効果を得られ、社員はインセンティブを得ることができる。

「一人ひとりがイキイキと活躍できる環境の整備」

当社は 「健康経営」、「ハラスメント対策」、「ダイバーシティ推進活動」、「社内ポイント付与制度」などを行っている。

社員の健康管理については勤怠管理システムをベースに社員一人ひとりの出勤時間と退勤時間をデータベースに蓄積したメンタル疾患パターンと照合・解析することでメンタル疾患の可能性を算出し、早期に産業医との面談を促す運用を行っている。

ちなみに当社内の実績データではあるが、この仕組みを利用するとストレスケアが必要な社員を53％の確率で予測することができる。休職者1人あたりの会社のコスト負担額が422万円（内閣府「企業が仕事と生活の調和に取り組むメリット」より）であると試算すると大きな効果を得ることができる。

当社独自の社員向けの仕組みとして、ポイントを社員間で相互に付与する環境があり、仕事またはプライベートを通じて相手に感謝の気持ちを伝えることができる。これにより直接仕事のつながりがない相手であっても組織の壁を越えて交流するきっかけにもなる。これまで感謝はされていても目に見えるかたちでは反映することが難しかったような活動には有効である。たとえば会社イベントの事務局的な活動

2．ワークスタイルを変えていく取り組み

や、製品の納期調整や仕入れ価格の低減など裏方的な業務は成果が表に現れにくい。このような活動を行っている担当者にポイントが付与されることで、縁の下の力持ち的な社員のモチベーション向上につながっている。

当社はこのような社内の取り組みを事業として、お客様に展開していくことで営業活動を支援することも狙っている。

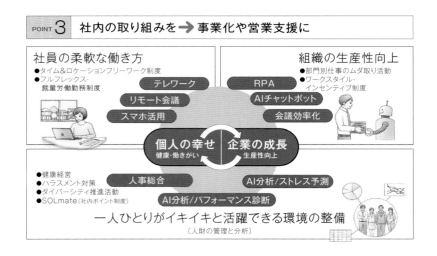

図2-8　事業化・営業支援につながる取り組み

2-5 具体的な取り組みの紹介

(1)コミュニケ—ション施策

トップダウンは手紙から

　ここからは、これまで述べた3つのポイントについて、具体的に紹介していきたい。

　まずは、取り組みの3つのポイントの一つ目「コミュニケーション（トップダウンとボトムアップ）」である。

　トップダウン施策として行ったことは、トップが考え方や決意をメッセージとして発信することだ。

　当社が働き方改革を全社施策として開始する直前の2016年7月1日に、社長から社員に向けて社内メールおよびイントラサイトにメッセージが発信された。

　メッセージのタイトルは「働き方改革 —長時間労働の防止に向けて—」であった。

　通常、トップからのメッセージは期首の4月と10月や、年初の社長年頭あいさつなどであるが、7月のタイミングでの社長メッセージに社員は驚いたと同時に、今回の働き改革への取り組みがそれだけ重要なメッセージであることを理解した。

2. ワークスタイルを変えていく取り組み

2016 年 7 月 1 日

社長執行役員　柴原　節男

「働き方改革 - 長時間労働の防止に向けて - 」

日頃より熱心に業務に取り組んでいる従業員の皆さんに感謝いたします。本日から始まる第 2 四半期に向け、いま一度、皆さん自身の働き方を見直していただくために、私の考えをお伝えします。

図2-9　トップから全社員へのメール

　お客様に当社の取り組みを理解いただくために、社長からお客様の経営幹部や事業責任者宛に「お手紙」を送っている。

　このお客様宛の「お手紙」については、"当社の都合をお客様に押し付けていないか？"また"ビジネスパートナーとしてマイナス評価を受けないか？"などの懸念があった。

　ところが、お客様からの反応は好意的なものであり、「当社が人材を大切にする会社」、「HR（Human Resources）分野の先進的な会社」などのコメントをいただき、ほとんどのお客様から賛同いただける結果となり当初の懸念は払しょくされた。

　現在、他企業・団体から当社の取り組みについてヒアリング依頼やセミナー講演依頼を受けており、「当社の働き方改革を参考にしよう」、さらには「運用や制度だけでなくITツールに関しても当社を参考にしたい」との反応であり、当社の本業であるSIビジネスに発展していることは言うまでもない。

　先述の通り社長からの「お手紙」については、社員の家族にも発送された。

　対象は家族と一緒に暮らす社員で、親元から通勤している独身者

や配偶者を持つ既婚者を合計すると発送した件数は約3,000通であった。

　なお、お手紙の受け渡しについては"郵送"という手段をとっているが、社員に手渡しした方が郵送費もかからず発送の手間も少なくて済む。ところがあえて郵送という手段をとっていることには理由がある。それは社員を経由すると家族にお手紙が届かなくなることへの懸念だ。もちろん社員によってはうっかりカバンの中にしまいっぱなしになることはあるにしても、懸念しているのは社員本人が働き方改革の目的を正しく理解していない場合に起こり得ることであり、具体的には残業制限により収入が減少し家族が心配するのではないかということや、逆に家族と一緒に過ごす時間が増えることを家族から期待され、それがプレッシャーになること。

　また働き方改革への意識が低いことでお手紙の内容を"取るに足らない内容"と自己判断し、家族にお手紙を渡さないケースもあると考えた。

　こうした理由から郵送を選択し、さらにお手紙が郵送された事実を社員に知られないよう極秘のうちにお手紙作戦は遂行された。

　これが筆者を含め多くの社員が体験した、手紙が届いてから開封するまでの間に感じた危機感と絶望感の入り混じった感情の要因であった。

　実は手紙に対して社員の家族から9件の返信が届いている。

　約半数は取り組みへの応援メッセージやカエルのキャラクターがかわいいなど、ポジティブな内容の返信であったが、約半数は残念ながら否定的な内容であった。

　具体的には、社員の妻からの返信で、夫の帰宅時間が毎日遅いがこのような取り組みで本当に改善されるのかといった内容であったり、別の社員の妻からは現状の夫の働き方は朝早く出社して帰宅も遅いという当社がめざしている働き方とは程遠いとの指摘であった。

実態調査のため、否定的な返信をいただいた社員の勤務状況を人事部門が調べてみた結果、やはり該当する社員は長時間の残業を行っており、その中には実際の残業時間とオフィスを出た時間に乖離があり、サービス残業と思われる例も確認された。

余談ではあるが、その中に1人だけ毎日定時に帰っている方がいた。とりあえず本人には家族から返信があったとだけ報告しておいた。

なお、このような返信を受けて、急きょ課長職以上の社員800名を対象にコンプライアンス教育を実施し、徹底を行った。

目的	本運動について、社員だけでなくご家族の皆様にも案内し、ご家族からのご理解・ご協力を得ることで一層の働き方改革の実現をめざす

社員のご家族の皆さまへ　　　　　　　　　　　　　　2017年9月吉日

株式会社　日立ソリューションズ
代表取締役　取締役社長
柴原　節男

「ワークスタイル改革運動」へのご理解のお願い

社員の皆さまにおかれましては、日頃より当社の業務に励み、ご活躍いただいておりますが、これもひとえにご家族の皆さまのご理解、ご支援によるものと、心より感謝申し上げます。

さて、このたびは全社を挙げて取り組んでいる「ワークスタイル改革運動」が本年9月

図2-10　トップから家族への手紙

モチベーションを上げるボトムアップ

続いてボトムアップの施策として、当社が独自で導入している社員間でポイントを送り合う仕組みだ。これは社員がお互いに「良いとこ

ろをほめる・認め合う」文化・雰囲気の醸成や、個人のモチベーション向上・会社組織の風通しの良さや活性化につなげることを目的に導入したものであり、今では約3,000名の社員が利用し、社内コミュニケーションツールとして定着している。

　仕組みを解説すると、当社の社内電話帳は氏名の横に「ポイントを送る」というボタンがあり、ポイントを送るタイミングは、仕事を通じた時、または社内イベント、さらにはプライベートにおいても、相手に対して感謝の気持ちが沸き起こった時にポイントボタンを押すだけで相手にポイントが送られる。ただしポイントを送る際は「理由」を選択する操作が必要だ。選択項目は「ナイス！部門連携！」、「ナイス！技術力！」、といった仕事上の理由を選択するものや、「ナイス！働き方！」、「ナイス！ロールモデル！」、「ナイス！職場ケア」など働き方改革を応援する項目もある。中には「ナイス！健康増進！」という健康への努力を応援する理由も選択できる。この項目を選択する時は、Facebookやインスタグラムなどのソーシャルメディアに「市民マラソンで完走した」とか「ダイエットの成果発表」などを見てポイントを送ることが多い。これまでは、仕事をするうえで感謝の気持ちはあってもかたちで残すことは難しかった。特に社内イベント、たとえば後ほど紹介する社内運動会においては中間管理職や若い社員は各チームの取りまとめや事務局として、イベント開催の数か月前から準備に暇がない。当然この働きはボランティアとしての活動であるが、これにポイントというかたちで感謝の気持ちを得ることはモチベーション維持には大きく貢献するであろう。

　なお、このポイントは残念ながら金品に変換されるものではないがポイントを多く獲得した社員と多く送った社員は年に一度、表彰を受け賞品が贈与される。

　ちなみに2018年度の賞品は「東京ディズニーリゾートの1デーパスポート家族全員分」であった。

2．ワークスタイルを変えていく取り組み

　ぜひ、来年度は"浦安"ではなく"本場カリフォルニアかフロリダ"の「ディズニーランド・リゾート」(フロリダは「ウォルト・ディズニー・ワールド・リゾート」)への招待を期待したい。

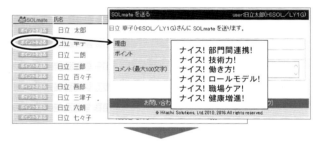

目的	社員が互いに「良いところをほめる・認め合う」文化・雰囲気の醸成 個人のモチベーション向上・会社組織の風通しの良さや活性化に繋げる
実施施策	『すごい』『ありがとう！』といった気持ちを、コメントと併せてポイントを！ 付与できる社内ポイント制度
	ポイントを「多く獲得した社員」と「多く送った社員」を表彰 ディズニー・リゾートの1Dayパスを家族分プレゼント

3,000名の社員が参加社内コミュニケーションツールとして定着
役職や事業部を超えたコミュニケーション活性化に寄与

図2-11　ポイント交換の実施

ムダをなくすボトムアップ

　働き方改革推進施策の一環として、当社では2016年度に業務のムダや改善を行うことを目的とした「全社ムダ取りWG」を開始した。
　「全社ムダ取りWG」、ここで気付いた方もいるのではないかと思うが、これまでは「ムダ取りWG」と言ってきたが、ここでは頭に「全社」

という言葉が入っている。

　名前の通り当初は"全社規模"でムダな業務を削減することを目的に開始したからである。

　理由はひとえにムダな業務と言っても何がムダで何がムダではないという判断が難しく、その判断を部門ごとに決めていると全社で働き方のレベルに相違が生まれ、結果として部門により残業時間にもばらつきが発生するのではないかとの懸念から、基準やルールを社内で統一するために全社規模でWGを実施した。

　ところが、いざWGを実施してみると、全社規模で実施することが難しいということが分かった。

　当社は部門によって職務内容が異なる。管理部門もあれば、技術部門もあり、お客様と接する営業部門やSE部門もある。そのため業務内容もまちまちであるため、社内のルール上はムダと判断できる業務でも事業部や本部により最適解が異なる。たとえばお客様を対象にしている案件やプロジェクトであれば会議資料・報告書等に記載するレベルや会議の実施条件など、規定通りに資料のフォーマット変更や会議の削減を判断するわけにはいかない。そこでWGは各組織の「自主的・自律的」な取り組み推進が必要不可欠と考え、事業部ごとにムダ取りWGを立ち上げ、「実態に即した生産性向上・効率化施策」について議論し具体的な基準やルールを決定し実行することになった。

　なお、人事管掌役員からの期待していることをメッセージとして発信しているが、まとめると以下の通りである。

　WGメンバーが積極的に事業部内で推進し、これまでの常識にとらわれるのではなく聖域なくムダの削減に取り組むことを期待している。

　そして大切なポイントは事業部ごとに実施する施策ではあるが、成果を他事業部と共有し全社で有効な取り組みを活用していくことも狙いとしているということである。

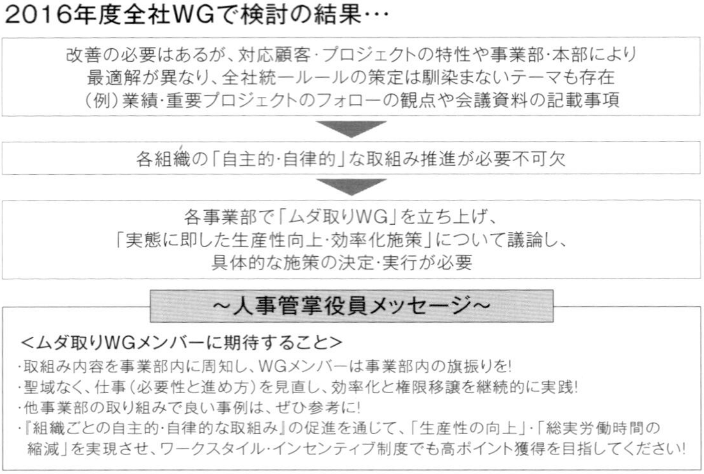

2. ワークスタイルを変えていく取り組み

2016年度全社WGで検討の結果…

改善の必要はあるが、対応顧客・プロジェクトの特性や事業部・本部により
最適解が異なり、全社統一ルールの策定は馴染まないテーマも存在
（例）業績・重要プロジェクトのフォローの観点や会議資料の記載事項

各組織の「自主的・自律的」な取組み推進が必要不可欠

各事業部で「ムダ取りWG」を立ち上げ、
「実態に即した生産性向上・効率化施策」について議論し、
具体的な施策の決定・実行が必要

～人事管掌役員メッセージ～

＜ムダ取りWGメンバーに期待すること＞
・取組み内容を事業部内に周知し、WGメンバーは事業部内の旗振りを！
・聖域なく、仕事（必要性と進め方）を見直し、効率化と権限移譲を継続的に実践！
・他事業部の取り組みで良い事例は、ぜひ参考に！
・「組織ごとの自主的・自律的な取組み」の促進を通じて、「生産性の向上」・「総実労働時間の
　縮減」を実現させ、ワークスタイル・インセンティブ制度でも高ポイント獲得を目指してください！

図2-12　ムダ取りWGの実施

＜参考＞ムダ取りワーキンググループ活動
「成果発表会」の実施による施策の共有

　各事業部で実施しているムダ取りWGにおける成果については、人事管掌役員からのメッセージにも記載した通り全社で共有する目的で「成果発表会」を定期的に実施している。

　発表するテーマは働き方改革を意識した仕事の工夫といった内容が多い。

　たとえば、会議時間を短縮するために行った取り組みでは、事前にアジェンダを共有し議論する内容を参加者で共有しておく。さらに会議資料も共有し質問したいことや確認事項を事前に指摘しておくことで、会議当日は本題から議論に入ることができる。これにより従来60分かかっていた会議が45分に短縮されたという事例が報告された。

この事前の議論にはITツールを活用しており、会議資料をWeb上で共有し参加者が指摘事項を付箋紙に書いて張るようなイメージで利用できる。これは当社が開発した「レビュー支援システム」というもので、参加者の閲覧状況の管理やレビュー結果の分析、さらにテキスト出力も可能なため、報告書や議事録作成の効率化にも貢献する。

　会議に関連した事例では紙の配布資料を無くしたペーパレス会議はコスト削減や情報漏えい防止の観点もあるが、参加者が各々資料の先読みやメモ書きという風習ができないことで会議への集中が増すという効果もあった。

　さらには残業時間削減の報告では、16時以降は緊急な状況を除き新たな仕事の依頼を行わないルール作りである。それを機能させるために、これまでは仕事の予定以外は登録していなかったスケジューラに定時後のプライベートの予定を記載することで定時間際に仕事が入ることが無くなり、また残業せずに帰宅することにも後ろめたさが無くなるという効果も報告された。

　RPAに関する報告については、IT部門ではなくユーザー部門からの事例発表は価値のあるものであった。ユーザー目線での活用事例はRPAの全社展開に有益な場となり、特にどのような業務を自動化対象として選定し、ロボットの開発や運用をどのように行っているかについては、今後自部門で活用した場合に発生する可能性のある課題を事前に対処できるため、RPAのネガティブ面の払しょくにも大いに役立った。

　このように各現場で試行錯誤して行った成果を他部門と共有することで、全社で働き方改革の施策やITツールの活用・運用の質の底上げにもつながっている。

　なお、発表会での内容は仕事そのものに限定しているわけではない。

　たとえば、ある部門が全体で取り組んでいるプレミアムフライデーの活用方法は興味深いものであった。

2．ワークスタイルを変えていく取り組み

　健康増進を目的とするもので、職場から自宅まで歩いて帰るという試みだ。あらかじめ職場から自宅までの距離と所要時間を地図アプリで検索しそれを目標タイムとして設定する。そしてどのくらい目標タイムを下回ったかを競うものである。もちろん自宅から職場が遠くウォーキングで帰ることが困難な距離の場合は、職場と自宅最寄り駅の間で途中下車しそこから自宅に向けて行うウォーキングも対象となる。
　この発表は大変好評であった。

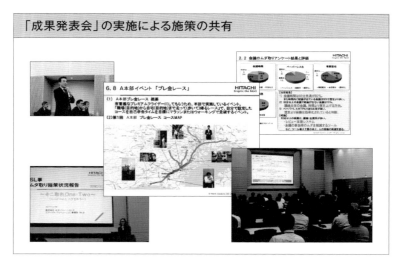

図2-13　各施策の共有化

双方向に広がるコミュニケーション

　当社の働き方改革では全ての施策の根幹はコミュニケーションが重要であると考えており、先述の社員間でポイントを送り合う仕組みもその一環であるが、社内の円滑なコミュニケーションを促進するためにITツールの活用以外でもさまざまな施策を実施している。

　コミュニケーションといえば社員間、いわゆる"ヨコ"のコミュニケーションを想像する方が多いと思うが、当社では幹部と一般社員の交流を行う"タテ"のコミュニケーションや、テーマごとのWGによる他部門の幹部と一般社員などがタッグを組む、"ナナメ"のコミュニケーションも実施している。もちろん社員間の交流を一層促進するための"ヨコ"のコミュニケーションについても強化を図っている。

　まず"タテ"のコミュニケーション施策であるが、実施しているのは以下の施策だ。

- ・職場懇談会
- ・役員リレーメッセージ
- ・経営幹部の常駐先訪問

　中でも特徴的なのが職場懇談会で、当社では「段飛び懇談会」や「段々飛び懇談会」と呼んでいる。この「段飛び」の意味は役職を飛び越えるという意味で、たとえば主任が段飛び懇談会で会食する相手は、課長を飛び越え部長になる。段々飛び懇談会であれば、さらに部長を飛び越え本部長になる。こうして普段は関わりの少ないより上位役職者と交流することで一般社員は幹部の考えていることを知ることになり、幹部にしても現場で起こっている問題や各担当者が抱えている悩みを把握することができる。

　ちなみに懇談会にかかる費用は会社が負担することになっており、

2. ワークスタイルを変えていく取り組み

　この施策に会社が負担している金額は1年間でなんと3,000万円にも及ぶ。
　次に"ヨコ"のコミュニケーションは以下の通りである。
・新任管理者合宿研修
・スポーツフェスティバル
・ファミリーデイ

　新任の管理職の合宿や1年に一度社員の家族に職場を公開するファミリーデイなどを実施しているが、この中で特に特徴的なイベントはスポーツフェスティバル、つまり運動会であろう。
　実は日立製作所をはじめ日立グループは、かつて運動会が盛大に行われていた歴史がある。余談ではあるが、日立製作所本社地区で行われた運動会は、運動会本番の半年前から競技種目ごとに若手社員の中から選手が選抜され職場近くのグラウンドで毎日練習を行い、中には合宿を行う種目もあった。
　それが不況のあおりを受け、90年代後半にはどこの事業所も中止していたが、当社は2007年に日立グループ全社の中で、いち早く運動会を復活させた。
　運動会には社員とその家族、約5,000人が毎年参加している。ちなみに会場は東京ビッグサイトの展示ホールを使用し、取引先企業による催し物や、当社の障害者スポーツチーム「AURORA」のスキー部・車いす陸上競技部の選手との交流、日立グループの競技スポーツ部によるゲーム大会、さらには子どもに人気のある著名人を招いたコンサートなども実施している。直近では元NHKの番組「おかあさんといっしょ」のうたのおにいさんの横山だいすけ氏や恵畑ゆう氏、同じくうたのおねえさんのはいだしょうこ氏をゲストに招き、テレビで観ていたスターの生の歌声に子どもたちはもちろん社員も大喜びだった。

50

図2-14　双方向コミュニケーション

認知コミュニケーションとしての社内広報

　当社では2016年9月から働き方改革を全社施策として開始したわけであるが、重要なことは社員一人ひとりがこの取り組みを知ることである。

　これまでにも当社は2014年から働き方改革としてさまざまな施策を実施してきたが、決して今回のように活性化していたとは言えない。その最大の要因は社内認知度が低かったと分析している。社員が施策を理解する以前に認知されていなければ上手くいくはずもない。

　そこで今回は社員に「親しみやすさ」を志向した方法で社内に、"気付き"を与えることを目的にカエルのキャラクターデザインで統一した。実はこのデザインは絵心のある社員がデザインしてくれたものである。大きな声では言えないが忙しい仕事をこなしながらの作業であったため、"残業"してデザインしてくれたことだろう。

「親しみやすさ」を志向した方法で社内に周知→"気付き"を与える

図2-15　社内広報による周知

　そして、このデザインについては、社員の目に触れる機会を増やすべく、さまざまな手法でプロモーションを実施した。

　デジタルサイネージは社員が集まる場所、たとえば1階のエレベータホールや会議室フロア、社員食堂、さらには受付の横にも設置している。受付の前は来客者の待合場所にもなっているため来客者の目に触れることになる。打ち合わせに入る前にお客様から「カエル」キャンペーンが話題に出されることが多く、これも社員が認識するきっかけにもなっている。

　ポスターは各職場の壁に張り付けてあり、A4サイズのチラシは3種類用意し社員全員に3日連続で配布された。

　WEBとしてもイントラサイトにアクセスすると働き方改革専用サイトへのリンクボタンがサイトの最も目立つサイドバーに鮮やかな黄色で輝いている。

図2-16 社内広報の展開

　さらに、このような周知だけでは足りずに、社員の座席にはA4の紙の3カ所を折ると立体になる三角柱の「カエル札」も3種類用意し、職場内で周囲へのアピールに活用している。

　たとえば、「今日はカエル」、「はやくカエル」と書かれたバージョンは1面に自分の「月イチ年休」として取得予定日を記載し、あらかじめ年休取得を宣言してしまうのだ。

　各面に「22」、「19」、「2000」と書かれたバージョンは目にした人が数字の意味を考えることで、より興味をそそることを狙っている。ちなみに「22」の意味は「月の残業時間を22時間以内にしよう」、「19」は「年間19日間年休を取得しよう」、「2000」は「年間の労働時間は2,000時間を下回ろう」という意味である。

　デジタルサイネージやポスター、チラシ、イントラサイトなども合わせ、ここまでやられるとさすがに社員も知らなかったという状況にはならない。また今回は会社が本気で取り組んでいるということを意

53

2. ワークスタイルを変えていく取り組み

識せざるを得ない。

　実はこれが働き方改革を推進するうえでは最も重要なポイントである。

　この周知活動は働き方改革に関連するさまざまな施策は社員の参画や協力を促す原動力になるのである。たとえばムダ取りWGにおける現場のヒアリングや成果発表会への参加、ITツールを導入する際に必要になる各社員が自分で行う設定作業など、必要になるさまざまな協力要請に対して"働き方改革の取り組みの一環"であるという認識により社員の理解を得ることができるのだ。

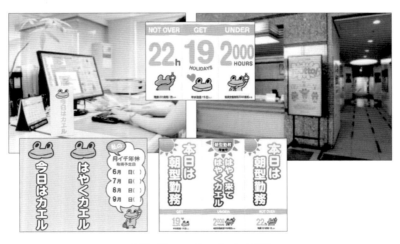

図2-17　メディアによる拡散

(2)「ここまでやるか」の推進施策

幹部が率先して実施！

働き方改革における当社の2017年度の目標は以下の通りである。
・年休取得日数：20.0日
・残業時間（月平均）：22.0Hr
・総実労働時間（年間）：1,980.0Hr
ちなみに2016年度の実績は、
・年休取得日数：18.1日
・残業時間（月平均）：24.2Hr
・総実労働時間（年間）：1,999.3Hr

2016年度実績を見る限り2017年度の目標が決して厳しい数値ではないと思われるが、達成するためにはさらなる推進が必要である。

特に年休については、プラス2日取得すればクリアできる数値であるため、全社員の「月イチ以上年休」推進と合わせて、当社ではプレミアムフライデーを年休取得推奨日とし、月末の最終金曜日だけでなく、第2金曜日も対象とした。

仕事の都合上で月末の年休取得が厳しい社員は、代わりに第2金曜日に年休を取得するよう促す目的だ。

そしてプレミアムフライデー年休取得のために、もう一つ施策を実施している。

それは幹部の年休取得実績をイントラに公開するというものだ。

やはり幹部たる者は会社が決めた方針に従ってこそ経営に関わるものとしての義務であり、他の幹部との比較において当然年休を取得していない人が気まずい思いをすることになる。各本部の社員にしてみれば幹部が実践しているのだから、仮に年休を取りにくい職場の風土

2. ワークスタイルを変えていく取り組み

があったとしても、それは改善されるというのが狙いである。

| 施策 | ·全社員「月イチ以上年休」を強力に推進するため、
第2·月末金曜日をプレミアムフライデーとし、年休取得推奨日
·幹部の実績は事業部長会で公表 |

略称	プレミアムフライデー実績	略称	プレミアムフライデー実績
Aさん	4/ 7（金）	Iさん	4/14（金）
Bさん	4/14（金）	Jさん	4/14（金）
Cさん	4/19（水）	Kさん	
Dさん	4/ 7（金）	Lさん	4/21（金）
Eさん	4/14（金）	Mさん	4/14（金）、4/27（木）15:30退勤
Fさん	4/21（金）	Nさん	4/14（金）
Gさん	4/12（水）	Oさん	4/24（月）
Hさん	4/14（金）	Pさん	4/10（月）午前年休、4/11（火）年休

図2-18　幹部率先の改革

インセンティブ制度の導入

　残業を削減すると当然のことながら残業代としての収入が減少する。これを補てんするというわけではないが、残業削減や年休取得など働き方改革への貢献度に応じて本部単位でランキングし、ランキングに応じたインセンティブを本部所属者員全員に支給する施策を実施している。

　働き方改革の推進には会社側から施策を策定しても、実践するのは各現場である。そこで「組織ごとの自主的・自律的な取り組み」を促進し、「生産性の向上」、「総労働時間の縮減」を実現するために現場のモチベーションを向上することを狙いとしている。またインセンティブ対象を本部単位としたのは、自部門のワークスタイル改革の現状・進捗への関心を高め、全社運動を一層活性化させることにある。

56

インセンティブ内容について詳しく触れると、以下の通りである。

・表彰対象：本部単位、本部所属員全員に対して
・前　　提：業績が①当期予算を達成していること、または②前年
　　　　　　実績を上回っていること
・評価項目：①平均残業時間削減率、②45Hr／月以上残業削減
　　　　　　率、③月イチ年休取得者率
・評価方法：上記評価項目ごとにポイント付け、ポイントごとに4
　　　　　　ランクに格付け
・表彰内容：カフェテリアポイントを付与

　ちなみに「カフェテリアポイント」とは、国内外の旅行やスポーツ・映画などレジャー・エンタメ、自己啓発など、リフレッシュにかかる費用を補てんするというものである。

　ランク別インセンティブの内訳は以下の通り。

・ゴールド：¥15,000/期
・シルバー：¥10,000/期
・ブロンズ：¥　5,000/期
・その他：無し

　インセンティブは残念ながら現金ではないが、通常当社の社員はカフェテリアポイントが年間500ポイント付与されるため、年間通してゴールドを獲得した本部はさらに300ポイントを獲得することで、年間800ポイントを得ることになる。
　ポイントの利用内容に応じて変換率は若干異なるが、基本は1ポイントと100円換算のため8万円分を利用することができる。

2．ワークスタイルを変えていく取り組み

| 目的 | ・『組織ごとの自主的・自律的な取組み』を促進し、「生産性の向上」「総実労働時間の縮減」を実現させること
・自部門のワークスタイル改革の現状・進捗への関心を高め、全社運動を一層活性化させること |

実施施策	表彰対象	本部単位、本部所属員全員に対して
	前提	業績が ①当期予算を達成していること 　　　　または 　　　　②前年実績を上回っていること
	評価項目	①平均残業時間 ②45Hr／月以上残業発生率 ③月イチ年休取得率
	評価方法	上記評価項目毎にポイント付け ポイント毎に4ランクに格付け
	表彰内容	カフェテリアポイントを付与 （例：ゴールド部門：15,000円／人期相当）

図2-19　インセンティブ制度の整備

テレワークの積極活用
（制度名：タイム＆ロケーションフリーワーク）

　当社の働き方改革にて今回特に積極的に取り組んだことのひとつにテレワークがあげられる。テレワークは以前から制度として導入していたが、これまでの利用率は決して高いとは言えず、制度そのものの認知度も低くほとんどの社員は家庭の事情や体調不良等で出勤が困難な場合は、午前・午後の半日年休または年休を利用していた。
　先にも述べたように当社の働き方改革は個人の幸せと企業の成長の好循環を実現するためであり、その実現に不可欠なのがワークライフバランスであるが、推進を支援するには"柔軟な働き方"ができる仕

組みが必要である。そしてそれを可能にする働き方の一つの選択肢として テレワークの重要性を認識していた。

　今回はこれまでの制度がありながら利用率が低かったテレワークの利用条件や利用対象者の見直しを行った。

　従来制度では、就業場所は情報漏えい防止の観点から自宅に限定していた。この場合、社員によっては自宅のスペース的な制限や家庭の事情により就業に不向きな場合もある。

　また、対象者も事前に申請が必要で、申請するにあたり規則上の業務条件を満たす必要があった。テレワークの対象となる規則上の業務内容については以下の通り。

・対面コミュニケーションの必要性が低い業務
・成果が客観的に把握しやすい業務
・特に集中力を必要とする業務

　そもそも条件に関しては表現が曖昧ということもあり、社員にしてみれば自分の業務が適用されるのか判断が難しく、このことも制度利用の弊害になっていた。

　そこで新制度ルールとして、規則も含めて従来制度の改定を行った。

　改定内容は、まず就業場所を自宅のみに限定するのではなく、自宅以外にもサテライトオフィスやカフェなどを利用してもよいことにした。

　前提とする業務内容についても、特定の条件は設けずにオフィスで実施するのと同様の"通常業務"とした。

　そしてポイントなるのが、対象者を限定せず利用できるようにしておくことで、日常的に使える働き方のひとつとして導入が可能になることである。

　対象者を全部門の課長以上と裁量労働適用者とし、全社員の6割に

あたる約3,000名に適用した。もちろん対象となっていない社員も職場の上司が許可することで利用可能であり、従来のような総務部門への組織的な申請は不要だ。

　なお、当社ではテレワークを「タイム＆ロケーションフリーワーク」と命名し、"いつでも"、"どこでも"、"自由に"仕事ができるというイメージを根付かせることを狙いとしている。

目的	・時間や場所に縛られない柔軟な働き方実現のための新しい勤務制度 ・「業務効率・生産性の向上」と「個人のワークライフ・バランス向上」の両立をめざす
対象者	全部門の課長以上・裁量労働適用者、総合職（フレックス制度勤務者に限る）など

評価や業務内容が標準的な社員でも、日常的に使える働き方のひとつとして導入。

	新制度のルール	従来制度
就業場所	自宅のほか、 サテライトオフィスやカフェなども可	自宅のみ
実施業務の内容	オフィスで実施するのと同様の通常業務	【規則上の条件】 ・対面コミュニケーションの必要性が低い業務 ・成果が客観的に把握しやすい業務 ・特に集中力を必要とする業務 条件が厳しく、利用者は限定的

図2-20　テレワーク活用

タイム＆ロケーションフリーワーク　〜サテライトオフィス勤務〜

　新制度のルールとして、就業場所をサテライトオフィスでも可能としたことから、日立グループの施設管理会社が提供する日立製作所拠点内に設置された出張者向けオフィスや、新たにサテライトオフィス提供会社と契約し、都内、山手線沿線を中心に約40カ所のサテライ

トオフィスの利用を可能にした。

　サテライトオフィスの利用者は主に外出の多い営業やプリセールス支援SEが、顧客先から次の顧客先へ移動するまでの空き時間に利用し、移動効率の向上や顧客接触機会の拡大に役立てている。これは当社の本社がりんかい線「品川シーサイド」にあり、お客様企業が集中する丸の内、新橋周辺などの都心から離れたロケーションであったため、営業効率という面では大いに貢献している。

　なお、サテライトオフィスを利用する際は当然利用料金がかかるが、これを各部門負担とすると各職場の経費状況により利用を制限される可能性がある。そこで利用料は会社（総務部門）にて負担する運用としている。

目的	移動効率の向上・顧客接触機会の拡大
ロケーション	都内、山手線沿線を中心に、約40ヶ所
料金	利用時間に応じた15分単位の従量課金制。（月額契約料無し）
利用状況	営業・SEを中心に、約1,500名が会員登録中

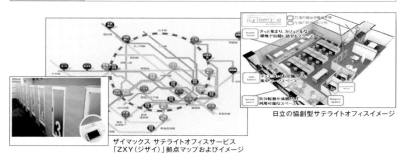

図2-21　サテライトオフィス設置

実施半年後に見える課題

　タイム＆ロケーションフリーワークの運用を開始した半年後、利用者約3,000人の社員を対象にアンケートを実施した。

　実施前と実施後では社員の意識が大きく変わっていることは驚きであった。

　具体的に見ていくと、利用者の不安としては、「周囲とのコミュニケーション」について実施前は64％が不安を感じていたが、実施後には20％に低下している。不安が低減している原因としては、当社ではSkype for Businessを導入していることもあり、ビジネスチャットによるリアルタイムコミュニケーションやリモートで会議に参加が可能なオンライン会議を利用できる。またメール（当社ではOutlookを利用）にも同報されたメンバーのプレゼンスがリアルタイムで分かるようになっている。そのため連絡を取りたい時には相手がPCを利用中の"アクティブ"なのかPCを利用していない状態の"離席中"なのかが分かることがコミュニケーションの不安解消に貢献している。

　「勤務時間の曖昧さ」という質問に対しては、実施前が56％の人が不安を感じていたが、実施後は19％まで低減している。当社の勤怠管理における業務開始と終了の打刻はPCの起動とシャットダウンにより管理されているため、実際は仕事をしているにも関わらず仕事にカウントされないという問題は発生しない。ただし"PCを立ち上げているだけで仕事をしていない"と判断される懸念は解消しておらず、このアンケートの後に導入されたPCの利用アプリケーションから作業内容を管理するツールにて対策を行うことになる。

　「顧客対応への悪影響」という不安に対しては、実施前が27％であったのに対して、実施後は2％まで低減した。これは問題発生時の対応に関する不安が主体だと思われるが、問題発生時の初動はメールで連絡が来ることが多いが、メールはPC以外にもスマホやタブレットで

利用することができる。そのためテレワーク中にPCから離れていて
も連絡が途絶えることは少ないといえる。

　続いて上司・部下の不安としては、部下がテレワークを利用した場
合の「メンバー間のコミュニケーション」に関しては、実施前は49％
が不安を感じていたが、実施後は7％まで低下している。これは「利用
者の不安」の項目でも不安解消に効果を発揮したSkype for Business
によるビジネスチャットやプレゼンス管理が貢献している。

　上司が不安に感じている項目として、上司がテレワークを利用し
た場合「タイムリーな相談」という質問では、実施前は46％が不安で
あったが、実施後は8％まで下がっている。

　つまり、上司がいなくても仕事に影響がないと言っているようであ
るが、そこまで悲観的になることはなく、これもビジネスチャットや
プレゼンス管理によりタイムリーな相談ができたということである。

　部下が利用した場合の「作業の進捗管理」という課題に関しては、
実施前は33％が不安であったが、実施後は5％まで低減している。最
近ではオフィスにいても上司が部下に進捗を直接確認するということ
は少ないのではないだろうか。通常の連絡手段はメールが一般的で、
大規模なプロジェクトになれば専用の管理ツールを利用しており、こ
れにより常時進捗が管理できる。

　このように、テレワークの実施前では不安を感じていた社員が多
かったようであるが、実際にやってみると仕事への影響は少なく、む
しろ「集中的に仕事ができた」とか「時間の自己管理スキルが向上し
た」など、生産性が向上したという効果もアンケート結果から得られ
た。

　ただし、解消されていない不安として周囲とのコミュニケーション
は20％が不安として残っており、これを解消する方法として問題が発
生した際も対応が可能なように事業所に勤務する管理職にSkype for
Businessの常時立上げを徹底するという運用面の対策も必要と考え

る。

　また、テレワークを実施している人が所属する職場は、本人が不在であることにより部内メンバーの負担増となるケースもあり、それが不満につながることもある。やはり真の定着に向けては"お互いさま"意識の醸成が鍵となる。

　よくあるモデルとしては、育児・介護等でテレワークを行うことが多い社員に対して、一度も制度を利用したことがない社員からはその社員に対して不満が起こりがちである。総務省統計局が2016年に実施した「労働力調査」によると、夫婦共稼ぎ世帯は既に6割に達しており、（当然）育児参加する男性社員が増えるであろうし、自分の両親の高齢化により急な介護、さらには自然災害、交通機関の乱れなど、誰もが制度利用者となりえるのである。

　そういった背景も考慮し、当社では管理職以上全員を対象に週に1度のテレワーク実施を推奨している。

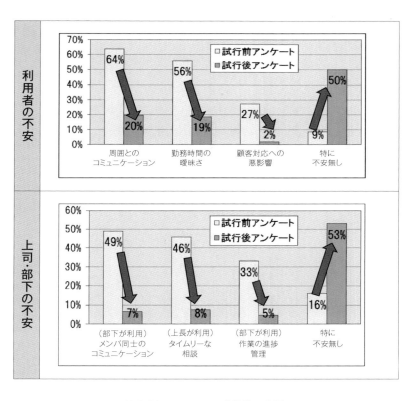

図2-22　テレワーク実施後の分析

勤務制限まで踏み込む健康経営

　働き方改革の実現は個人の幸せと企業の成長のサイクルが重要な要素となるが、このサイクルを支えるために不可欠なのが社員の健康である。

　社員が健康の問題を抱えていると仕事に専念することが困難になり、プライベートでも充実した生活は困難になる。そこで当社は健康

経営のためにもさまざまな取り組みを行っている。

　社員が1年に一度受診する健康診断の結果において、検診の数値が基準値を超える場合は数値レベルに合わせて段階的に就業制限や残業禁止の措置を行う。対象となる検診の数値は、「糖尿病検査値（HbA1c（JDS））」と「血圧検査値（拡張時）」であり、数値レベルによる勤務制限内容は以下の通りとしている。

【糖尿病検査値（HbA1c（JDS））】
　・9.0以上：自宅療養
　・8.0以上：時間外労働禁止／海外渡航禁止
　・7.0以上：深夜残業禁止／休日労働禁止

【血圧検査値（拡張時）】
　・110以上：自宅療養
　・100以上：時間外労働禁止／海外渡航禁止
　・95以上：深夜残業禁止／休日労働禁止

　この基準値は一般的に国内の企業が設定している数値よりも厳しく、まさにここまでやるか！というレベルである。また、メンタルヘルス対策としても、月に80時間残業を行った社員には産業医による面談を義務付けている。

　休業から復帰する社員については、復職支援プログラムを実施しており休業者の円滑な職場復帰を支援している。

　なお、ここまでやる背景には、IT業界のメンタル疾患罹病率が2.0％（出典：厚生労働省）であり、日本の全業種平均は0.4％であることを考えると、突出した水準であり他業種と同等な基準値では改善が難しいとの考え方からである。

隠れ残業を防止する

　もう一つ、ここまでやるか！といえる健康・コンプライアンスの徹底として、隠れ残業の防止策である。

　20時以降の残業は禁止としており、20時を過ぎると職場は一斉消灯となる。また当月50時間または70時間残業した社員を対象に残業警告や健康管理アラートメール配信を行っている。

　さらに勤怠実績の監査として勤怠管理システムへの打刻と実際の残業時間に乖離がないかを調査している。それはPCをオフにすることで自動打刻され退勤扱いとなるが、オフィス施設内に残り打ち合わせや自席PC以外の端末で業務を継続している場合がある。このような残業を正しく管理するためオフィスビルの入退館記録をチェックしている。

　さらにオフィスビルを出た後も会社支給のスマホ／タブレットを利用して業務を行うことができるが、特にメールアプリケーションを起動しメール処理を行っている時点で業務を実施しているとみなし、メールの送信ログを監査し差異をチェックしている。

　まさに、"ここまでやるか！"である。

2. ワークスタイルを変えていく取り組み

健康経営

・健康診断結果で就業制限・残業禁止措置

No	糖尿病検査値 (Hb1AC(JDS))	血圧検査値 （拡張時）	勤務制限等の例
1	9.0以上	110以上	自宅療養
2	8.0以上	100以上	時間外労働禁止 海外渡航禁止
3	7.0以上	95以上	深夜残業禁止 休日労働禁止

・メンタルヘルス対策として長時間残業者面談
　（80Hr/月）
・復職支援プログラムで休業者の円滑な
　職場復帰を支援

コンプライアンス遵守

・20時以降の残業禁止・一斉消灯／休日・深夜のメール禁止
・残業警告・健康管理アラートメール配信
　（月俸者、裁量労働者も含め:当月50Hr,70Hr）
・勤怠実績の監査
　（PCオンオフ、ビルの入退館記録に加え、メール送信ログで差異チェック）

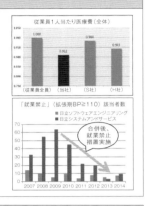

図2-23　健康・コンプライアンスの徹底

(3) モチベーションを高める施策

　当社のこれまでの取り組みに関しては、知見やノウハウをベースにコンサルティング／ソリューションの事業化や営業活動の支援として活用している。
　また、他企業・団体等からヒアリングを受けることや、社外セミナーでの講演依頼は2017年10月時点で44件に達している。今後も増加していくと思われるが、引き続き当社働き方改革を推進する人事や、ソリューション事業を推進する事業部にて積極的に対応していく

予定である。この活動が当社のプレゼンス向上や、営業における新規お客様の獲得に貢献できるものと考える。

2-6 改革がもたらした成果

　当社の働き方改革に関しては2010年の合併以降、さまざまな施策を実施してきたが明確な成果が表れたのは、やはり2017年9月に全社施策として一斉に実施した「働き方改革　第2弾」によるところが大きい。

　あらためてこれまでの成果をいくつかの観点からまとめてみた。(図2-24)

(1)従業員サーベイにみるプラスの方向性

　社員のエンゲージメント（従業員一人ひとりが企業の掲げる戦略・目標を適切に理解し、自発的に自分の力を発揮する貢献意欲）を計測する指標として従業員サーベイを実施している。

　2013年〜2016年までの結果を考察すると、「明確な方向性」は2014年に低下し2016年まで改善は見られない。「会社への誇り」も2016年に下がっている。「エンゲージメント」についても2014年、2015年は低下している。「コミュニケーション」は2013年から3.5点を下回っていた数値が、2016年から大幅に改善されている。これは社員間で感謝の気持ちをポイントとして送り合う仕組みを導入した時期が2016年度からであったことが貢献していると思われる。

　そして2017年の結果を見ると、全体平均で＋0.05となっておりすべての項目においても対前年度プラスになっている。これは社員間ポイント交換の導入により2016年度がプラスに転じたように、働き方改革への施策やITツールの導入、そしてそれが社員に定着したことに

よる成果と考えられる。

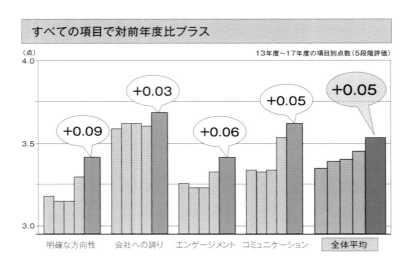

図2-24　改革の成果

　ただし、全社的にはモチベーション・エンゲージメントが高まっている一方で、主任層の伸びは今一つであったという事実がある。
　主任層は組織の中でも中心的なポジションとして部下の育成や他部門との調整など重要な役割を担っているが、従業員サーベイによると会社幹部の"ビジョン"や"行動指針"など会社の方針や戦略に腹落ちしていないという意見が多かったことがモチベーション・エンゲージメントに影響していると推測される。
　そこで、主任層を中心としたコミュニケーションを活性化するために、これまでの夜の懇談会や全社的なテーマ別WGとは異なり、課内や周りのメンバーで業務時間内に気軽にコミュニケーションが行える

施策として「茶飲みケーション」を開始した。

　職場の食堂や会議室フロアの空いたスペースにお菓子とコーヒーやお茶などの飲み物を用意し、いつでも利用できるようにしている。

　コミュニケーションでは参加した誰もが気持ちよく納得いくまで話ができるように「おひたし」を心がけるように推奨している。「おひたし」とは「怒らない」「否定しない」「助ける」「信頼する」の頭文字をとったものである。

　コミュニケーション実施後には社員間で感謝の気持ちをポイントとして送り合う仕組みを利用して、参加者はプルダウンで「Thanks! 茶飲みケーション！」を選択して主催した主任層にポイントを贈ることをルール化している。

　実はこの茶飲みケーションについては、効果が不明であったことから3ヶ月間のトライアルとして開発したものであったが、トライアル期間中に行った社内アンケートでは利用者の満足度も高く、具体的な効果も多く報告されていることから継続が決定した。

　これまでは仕事を行う中で明確な問題事項であれば、会議や報告書に記載され解決策が検討されるものであるが、問題には至らないレベルの悩み。たとえばチーム内における人間関係のゆがみや、仕事を進めるうえでの自分のスキル不足に対するジレンマなどは、上司や同僚のスケジュールをわざわざ押さえて議題として相談するのは気が引けるものであろう。ところが仕事の合間のちょっとした空き時間に休憩を兼ねて茶飲みケーションを利用し、たわいもない雑談の延長線上であればちょっとしたことであっても自然と相談できるものである。これが、会議でもなくオフの飲み会でもない"茶飲み"であるがゆえの効果である。

　ちなみにこの施策の発想はGoogleやFacebook、Microsoftなど米国シリコンバレーの先進企業が社員間のコミュニケーション促進やアイデア創出を目的に社内のいたるところにコミュニケーションスペー

2. ワークスタイルを変えていく取り組み

スを設け無料で飲食ができることにヒントを得たものであるが、当社が実施するとオシャレとは言い難い施策になってしまうのはやむなしである。

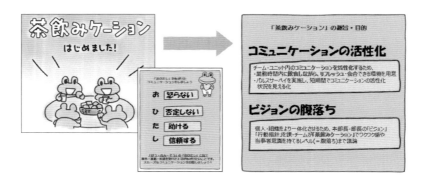

図2-25　「茶飲みケーション」

(2) 労務指標からみる改善の推移

労務関連指標からの成果をまとめてみた。

指標は、「80Hr／月 超残業発生率」、「メンタル疾患罹病率」、「平均残業時間」、「平均年休日数」の4項目について、2011年度を100%とし2017年度までの推移を算出した。(図2-26)

月に80時間を超える残業発生率

2011年度の100%に対して22%まで低下している。

これは長時間残業する月が減少しているといえるが、業務や部門により繁忙期があり、従来であればその月は長時間の残業で対応することは必然と言える。

当社内でRPAを積極的に利用している人事部門の導入効果では繁忙期の10月に残業時間が半減していることを考えるとRPAの貢献度が高いことが推測できる。

メンタル疾患罹病率

2011年度に比べて81％まで低下している。

こちらはメンタル疾患罹病率対策をして取り組んできたコミュニケーション施策が少なからず効果があったと思われる。

会社が懇親会費用を負担することで幹部または他部門との交流を促進したことや、特に「茶飲みケーション」は社員個人が抱えがちな日頃の悩みを気軽に話せる場として機能している。

もちろんITを活用した社員間でポイントを送り合う仕組みや、勤怠管理データを基にAIによるメンタル疾患予兆の事前検出も効果を発揮している。

平均残業時間

2011年度比で90％であるため、改善はしているものの大きな効果を得ているとは言えない。月に80時間を超える残業発生率が22％まで低下していることから考えると、本来は平均残業時間の削減率も10％程度ではなく、より大きく削減できることが想定される。

ところがそうなっていない理由として、RPAをはじめさまざまな施策により作業時間が削減しても定時時間内であれば業務担当者が帰宅することはなく、これまで多忙により着手できなかった別の業務を実行するのが一般的ではないだろうか。

要するに削減した時間が別の仕事に振り分けられることで残業時間削減の数値に反映されていないことが推測できる。

削減された作業工数が他業務へのシフト、特に付加価値の高い業務にシフトしていることに期待している。

平均年休日数

　2011年度比で113％となっている。

　社員の平均年休取得日数は1日または2日程度の増加であって、大幅な改善は見られていないが、"月イチ年休取得率"をインセンティブ指標への組み込みや営幹部の年収取得日の社内公開による年休取得に弊害となる職場風土の改善など、施策のより一層の定着を図ることで、今後の年休増加に期待したい。

　なお、業務スケジュールの都合で休みたい日に休めないという課題に対してはRPAにより担当者が不在でも業務を自動で実行することも大きな可能性の一つである。

営業利益率

　最後に営業利益率であるが、こちらは2011年に比べると196％となっており大幅に利益率が向上している。

　この成果に関しては、まだ正確な分析はできていないものの、優良案件の勝率向上に要因があると分析している。過去の受注案件を調査してみると以前は短納期案件の受注が多く、業務システムの開発要件を確定するまでの時間が足りず、結果的に開発工数が増加し原価を圧迫するという案件が多かった。ところが2017年度の受注案件を調査すると納期に比較的余裕があり利益率が高い案件が多かった。これは案件の勝率が高いという結果であり、この結果を生み出した要因は社員へのアンケート結果から把握することができる。

　アンケート結果は営業やSEがお客様との接触時間が増えたとのコメントが目立った。コメントを以下にまとめてみた。

・移動時間の減少により顧客訪問件数を増やすことができた。

・移動時間が減ったため提案資料をレビューする時間が確保できた。

・外出先でもリモート接続で社内会議へ参加し、タイムリーに提案、アドバイスを受けることができた。

なお、これらの背景には働き方改革における複合的な施策が社員のモチベーションを向上し、プロジェクトにかかわるメンバー一人ひとりが質の高い仕事を行い、さらにより困難な業務に果敢に立ち向かった成果ではないだろうか。
　それは社員のエンゲージメント調査において「明確な方向性」や「会社への誇り」、「エンゲージメント」など2017年度にすべての項目でプラスに転じていることからも、そのように考えられる。

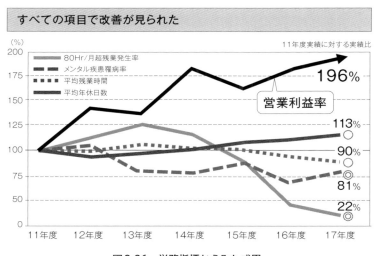

図2-26　労務指標からみた成果

(3)改革が変えた人財活用とムダの削減

　多彩な人財活用・業務の削減に関する効果を紹介する。

　多様な人財活用の観点では、「テレワーク積極活用」の効果である。

　先述の通りテレワークに関する制度・ルールの改定やITツールの活用により、現在では全社員の8割にあたる約4,000名の社員がテレワークを利用している。その中でも特に積極的に利用したのは短時間勤務者や単身赴任者など通常勤務に制限のある社員であった。

　従来の仕事のやり方は、たとえば育児中の時短勤務者であれば朝に子どもを保育園へ送り、夕方にはお迎えをする必要があるため、業務はオフィスに到着してから開始し、オフィスから退出した時間で終了していた。ところがテレワークを利用すれば子どもを送った後に、自宅で業務を開始することが可能になる。同様にお迎えを済ませた後も自宅で業務を行うことができる。

　つまり移動時間がない分だけ早く業務を開始することが可能になる。

　これにより2016年度に短時間勤務を行っていた社員75名のうち11名が勤務時間を延長し、さらに7名がフルタイム勤務に復帰している。

　また、単身赴任者については、これまでは家族と暮らす家から離れ東京で一人暮らしをすることで、単身赴任手当があるものの二重の生活費と帰省の交通費は経済的にも負担になっており、精神面でも決して問題がないとはいえない。この問題に関してもテレワークにより単身赴任を解消することができた。ただし、これは営業やSEのような顧客と接するような職種は難しく、現状単身赴任を解消できたのは2名に留まる。

　もう一つテレワークの効果では、利用しているIT環境はオンライン会議が可能なため場所の制約を受けないことから海外拠点との会議でも利用されているが、問題となるのは時差の問題だ。特に時差の大き

い欧米との会議は、現地時間に合わせると日本は早朝か夜間になる。テレワークを利用すれば日本時間は早朝の会議であっても自宅から参加できるため、オフィスまでの移動時間がないことで社員の負担は低減される。

　次に業務の削減の観点では、ボトムアップの施策として紹介したが「ムダ取りWG」により業務のムダや改善に取り組んできた。各現場で特に課題を抱えていたことは業務を推進するうえで入力作業が負担になっているということであった。

　そもそもなぜ入力作業が多いかという点に触れておくと、2015年10月に当社は日立グループ全体のITガバナンス実現に向けた日立グループ共通システムに移行した。日立製作所を筆頭に日立グループ全体の主力事業は「社会イノベーション」をテーマにしており、グローバル規模で都市やエネルギー、交通、ヘルスケアなどをターゲットにシステムの受注規模も当社とは桁違いに大きい。そのため当社の事業規模と共通システムの機能が最適とは言えず、どうしても手作業による対応が増えていたというのが理由だ。

　増加した入力作業は主にExcelを活用することで補完する部分が多く、かなりのボリュームを占めていた。入力リストの作成、作業シートの作成、もちろんさまざまな報告書がExcelで作成されている。

　これらの業務のほとんどはプロセスにムダがあったとしても業務そのものは不可欠なものであり、また当社が保有するシステムではないためシステムを当社の業務内容に合わせて改修することもできない。そこで目を付けたのがRPAだ。

　ムダ取りWGにより各現場の入力負荷のかかっている業務内容はおおよそ把握できていたため、社内のRPA推進チーム（社内名称「RPAセンタ」）と協力し、自動化が可能になる業務の選定とロボット化に取り組んだ。

2. ワークスタイルを変えていく取り組み

　自動化対象となった業務は人事・総務・財務など管理部門を中心に109業務に及んだ。対象になった業務は作業工数がさほど大きくないものが多いが、109業務すべて自動化すると7,186時間の削減効果が見込める。

　具体的な効果の一例では、総務部門の会議室課金振替処理は月に15件程度で5分の作業、や財務部門の出金伝票システム転記作業は月に10件で1時間の作業、手当支給データのダウンロードと加工は月に40件で10分の作業時間が削減されている。

図2-27　施策の目に見える効果

(4) 表彰されてさらにモチベーションが向上

　当社は働き方改革に関して、外部機関からさまざまな賞を受賞している。

主な賞を羅列すると以下の通りである。

・ワークライフバランス大賞 優秀賞（社会経済生産性本部 2007年）
・働きがいのある会社ベスト10（GREAT PLACE TO WORK 2010年）
・第15回テレワーク推進賞 優秀賞（日本テレワーク協会 2014年）
・「人を活かす会社」育児・介護部門第1位（日本経済新聞社 2014・2015年）
・ダイバーシティ経営企業100選（経済産業省 2015年）
・えるぼし認定 第3段階 取得（厚生労働省 2016年）
・ＩＴ業界新卒就職人気ランキング ＩＴメーカー系2位（日経コンピュータ、楽天みんなの就職活動日記 共同調査 2016年）

　この受賞履歴を並べると、当社は働き方改革の先進企業のように見えるが、実は数々の賞については、人事部門が積極的に受賞するための活動を行った成果なのである。つまり"あえて賞を獲りにいく"ということだ。

　理由は外部からの賞を獲得すると、社員は自社に対してこんなイメージを持つことになる。

　「働き方改革に積極的に取り組んでいる会社」

　「社員を大切にしている会社」

　「女性が活躍できる機会を与えてくれる会社」

　これは「受賞」→「社員のモチベーションが向上」→「会社の業績が向上」→さらに「受賞」という好循環を生み出す。これが人事の狙いである。もちろん新卒の優秀な学生を獲得するにも有効に作用する。

　まさに"人事マジック"だ。

　なお、どうすれば受賞できるかについては、ある程度当社はノウハウを持っているので興味のある方は相談いただきたい。

　ちなみに新しく設定された賞は比較的受賞しやすいので、いかにア

2. ワークスタイルを変えていく取り組み

ンテナを高く張るかがポイントだそうだ。

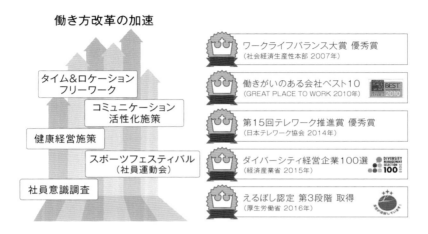

図2-28　改革の好循環

＜参考＞　当社が受賞した主な取り組み

　当社は「第7回 日本HRチャレンジ大賞」（主催：「日本HRチャレンジ大賞」実行委員会、後援：厚生労働省他）の人材マネジメント部門において、優秀賞を受賞した。
　「日本HRチャレンジ大賞」は、"人材領域の果敢なチャレンジが日本社会を元気にする"をキャッチフレーズに、人材領域で優れた新しい取り組みを積極的に行っている企業を表彰することで、日本社会の活性化を促すことを目的としている。
　当社がこれまで取り組んできた「タイム＆ロケーションフリーワーク」の推進をはじめ、毎月1日以上の年次有給休暇（年休）取得の徹底

や20時以降の残業の原則禁止、生産性の高い働き方を体現した組織へのインセンティブの付与。

　さらには、RPAやAI、IoTを活用した働き方改革を支援する製品、サービスを自社内で導入し、PCの作動ログを自動収集することでテレワーク中の業務を可視化し、管理職による部下の業務内容の適切な把握を支援するシステムを社内で検証し、テレワーク利用への不安の払しょくや働き方に応じた業務課題の把握などの効果の検証や人事部門や財務部門などにおける定型事務処理についてRPAによる自動化で作業時間の大幅な削減など、これらの成果が、平均残業時間、長時間残業者率、年休取得などの労務関連指標の改善や社員のモチベーション向上に寄与していると評価され、受賞に至った。

2．ワークスタイルを変えていく取り組み

Chapter3
ワークスタイルを変える IT活用のケーススタディ

3-1 働き方改革とITソリューション

　これまで当社の働き方改革について述べてきた。働き方改革を実現するために「制度改定」、「風土改革」、「ITツール活用」の三位一体で進めてきたが、働き方改革の推進・定着に貢献した「ITツールの活用」に関して次章にて紹介する。特に有益であったITツールをピックアップし事例として紹介するが、次章に入る前に当社が活用しているITツールの概要について簡単に触れておく。

　柔軟な働き方を支援するために実施しているテレワークの仕組み「タイム＆ロケーションフリーワーク」は、自宅やサテライトオフィス、カフェなどで業務を行う場合、PCはもちろんスマホ／タブレットを活用しVPN経由で社内システムに安全にアクセスできる環境を提供している。さらにプレゼンス管理を可能とし、リモート環境でチャットやオンライン会議なども実現している。

　組織の生産性向上のために実施している「ムダ取りWG」や生産性向上に向けた組織・個人のモチベーション向上を狙った「インセンティブ」については、現場のRPA活用の一層の促進を推し進め、定型業務の自動化や人が業務スケジュールに拘束されることなく個人の都合に合わせた柔軟な働き方の実現を支えている。非定型業務についてはAIチャットボットを活用しFAQや情報検索、スケジュール調整などを支援し、会議効率化に関しては会議のアジェンダや資料を事前に参加者で共有し、効率的な会議により会議時間の短縮を可能にした。

　一人ひとりがイキイキと活躍できる環境の整備については、「健康経営」として社員の健康管理やメンタルヘルス対策に貢献するために、AIを活用した勤怠データの分析によるメンタル疾患予測などを行っている。

　これらに活用しているITツールは、当社が自社内でPoC（Proof of Concept：概念実証）というかたちで効果を検証し、働き方改革の実

現に向けて段階的に導入を進めてきた。

　ここからは、具体的にITツールごとに当社の活用事例を紹介する。

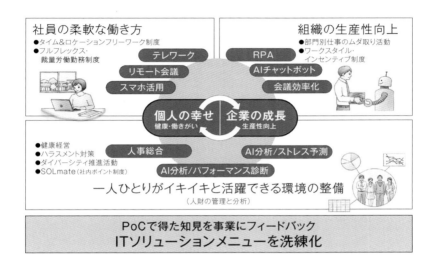

図3-1　改革を支えるIT

3-2 テレワークのケーススタディ

(1) テレワーク推進の課題

　テレワークを実施する場合、テレワーク中の社員は職場で仕事をしているわけではないので周囲の顔が見えないことに対して本人はもちろんのこと、上司・同僚も不安を感じているであろう。

　たとえ上司は部下を信頼しているとしても部下の仕事の状況が見えない以上は「何をしているのかわからない……」と感じることもあるか

3. ワークスタイルを変えるIT活用のケーススタディ

もしれない。

　また、上司、部下に関係なくお客様と接している部署であれば「顧客への緊急な対応ができるだろうか……」と懸念があると思われる。

　しかし最も不安を感じているのはテレワーク中の本人であり、孤独の中での疎外感を感じながら周囲とのコミュニケーションへの不安や、さらには上司や同僚から「サボっていると疑われないだろうか…」と懸念しているといえる。

図3-2　テレワークの不安

　実はこれらの不安は実際にテレワークを実施すると、実施前に懸念しているほど大きな問題ではなかったことに気付く。それは当社社員向けに実施したテレワーク実施後のアンケート結果から明らかになった。

しかし、当社のアンケート結果では不安がゼロになったわけではない。特に「周囲とのコミュニケーション」と「勤務時間の曖昧さ」については20％程度が不安に感じている。（図3-3）
　また、明確な不安内容はわからないものの「何らかの不安を感じる」との回答は50％に達している。やはり現状のテレワーク環境では通常職場にいることと同等の場を提供することには限界がある。
　本書の前半で述べた通り当社の社員の高齢化が進み、それにより介護が必要な家族を抱える社員は増加の一途であることを考えると、テレワークの一層の促進に向けてアンケートで明らかになっている「周囲とのコミュニケーション」と「勤務時間の曖昧さ」については改善を行う必要があった。

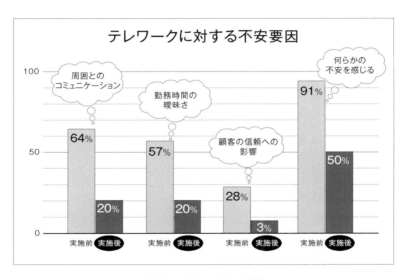

図3-3　不安の要因を解消

(2)課題に対応するアプリケーションを選ぶ

　この課題に対して当社が取り組んだことは、社員の業務内容を上司や同僚が把握する仕組みであるが、テレワーカー自身もプレゼンスを共有し必要な時に適切なタイミングでコミュニケーションを取ることができる。また作業時間や作業内容をまとめた報告書を自動作成できることは報告書作成作業からも解放されるメリットがある。

　具体的には「Work Time Recorder」というアプリケーションを各社員の業務端末にインストールし、PC上で利用している業務アプリケーションのログを取得したり、使用中のPC画面を1時間に3回ランダムでキャプチャリングし記録するというものである。

　このような機能は社員にしてみれば管理されていると考えることから、当然ながら導入に対しては多くの社員が抵抗感を示す。そこで導入の際の前提として業務内容を監視するものではなく、"自分が仕事をしていることをアピールするツール"であることを訴求した。また近い将来に当社が導入を予定している社員一人ひとりに最適な働き方をサポートするために多角的に分析を行う仕組みである「HRデータレイク」ためのデータの一つとして活用する計画を公開し社員への理解を求めた。

図3-4　最適アプリケーションによる推進

(3) テレワーク実施後にアンケート

　実際に運用した後に利用者を対象に実施したアンケート結果から、テレワークを行う社員の不安解消に役立ったことがわかった。
　利用した社員からは「自分でも業務状況を確認でき、改善意識が向上」、「定期的なフィードバックがないからストレスを感じなかった」というような好意的な意見がある反面、「取得したデータを活用すべきではないか？」といった指摘や「プライベートな申請内容まで記録されているのはちょっと……」といった上司には知られたくない個人的な社内申請を知られることへの抵抗感もあった。
　人事部の観点としては「サービス残業をしていない、という証拠を残すことができる」というようにサービス残業を行っていないことを実証することで、勤怠実績監査の観点からコンプライアンス向上に役

立てると考えている。

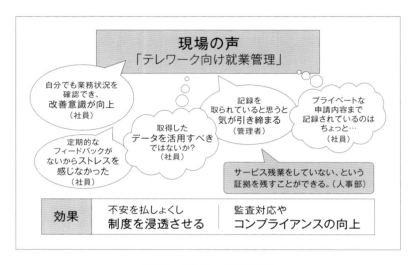

図3-5　テレワーク現場の声

業務アプリケーションのログを活用して改善を進める

　今回の利用アプリケーションログデータ活用については「HRデータレイク」にて本格活用する予定であるが、一例としてある社員の働き方を分析した結果を紹介する。あくまでも一部のデータから見た仮説として見てほしい。

　データは通常勤務時間(9時〜20時)と早朝(6時〜8時)、夜間(20時〜23時)のそれぞれの時間帯でどのようなアプリケーションを利用したかを把握し、さらにそのアプリケーションの利用に占める時間配分で働き方のおおよその傾向を分析する。

この事例では、朝の時間帯はメール連絡などメール処理と社内システムの利用が多いことが分かる。夜間になるとMicrosoft Officeの使用比率が高いため、PowerPointやExcelを利用した資料作成やレビューを行っている可能性が高い。

これらの結果から、夜間残業の要因として、通常業務時間内には資料作成に費やす時間が取れないことや、所属する部門やプロジェクトが夜間に資料レビューを行う仕事のやり方をしているという仮説が浮かび上がる。仮にこれが事実であった場合、通常時間帯の業務負荷軽減のためにRPAやチャットボット等を活用した業務の自動化や効率化を図るといった対策を打つことが可能になる。

実はこのような結果は本人ですら気付いていないことがあるケースもあり、自ら仕事のやり方を見直すことが働き方改革の推進に有効である。

なお、2019年4月から施行された「働き方改革関連法」(中小企業は2020年4月から施行)における残業時間の上限が規制されるが、テレワークを実施している社員が上限を超えて残業している場合、当然改善が必要になるが業務の内容や時間の使い方が把握できないと、対策を行うにしても効果的な改善方法を実行することが難しい。

当社が利用している「Work Time Recorder」はMicrosoft社のOffice 365またはSharePointが前提になるが特別なシステム環境を構築することなくテレワークを利用する社員のクライアントPCにアプリケーションをインストールすることで利用できる。

3. ワークスタイルを変えるIT活用のケーススタディ

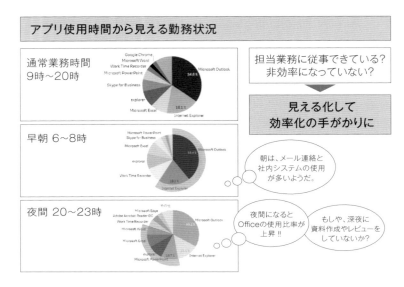

図3-6　アプリケーションの使用と勤務状況

3-3 RPAのケーススタディ

(1) RPAが必要とされる背景

　働き方改革を推進するうえで重要なテーマは「柔軟な働き方のできる職場」や「一人ひとりがイキイキと活躍できる職場」、「労働時間の短縮、生産性の向上」の3つを実現することであるが、長時間残業が蔓延している職場ではこれらを実現することが難しく、働き方改革を推進するベースとなるのは「残業削減・業務の効率化」といえる。

　先述の通り2019年4月から施行された「働き方改革関連法」への対応も待ったなしだ。当社もそうであるが現状で残業規制の上限を超えている社員を抱える企業は少なくないのではないかと思われ、「残業削

減・業務の効率化」は日本の企業にとって早急に取り組むべき最重要課題である。

　これまで述べてきたように当社の働き方改革におけるさまざまな施策は、仕事のムダの削減（ムダ取りＷＧ）や朝型勤務、20時以降の残業制限、月2回のプレミアムフライデー、さらにはインセンティブも労働時間の短縮を狙ったものである。これらの施策は長期的には有効に作用するが、残念ながら施策の実施によりすぐに効果を得られるような即効性には欠ける。そこで多くの企業が労働時間の短縮を目的にした働き方改革の特効薬として注目しているのがRPAだ。

　RPAについて、当社は早くから注目し積極的に活用を進めている。

　RPAの導入に関して、当社の場合は一般的な企業とは異なる目的が存在する。

　それは、当社がITベンダーということであり、RPAをソリューションとしてお客様に販売するという目的だ。そのためRPAを導入する際の投資効果を測定するということに関しては、まずは自社で活用しノウハウを蓄積することが目的であったこともあり、導入そのものへの障壁は比較的低い。

　ただし、RPAツールの選定については、自社内の都合だけでなく販売に関しても検討が必要であったためRPAメーカーとの調整に多くの時間と工数を費やすことになったが、最終的に選定した製品は米国Automation Anywhere社の「Automation Anywhere Enterprise」であった。

　RPAは通常の社内システムとは異なり、利用する側のユーザー部門の積極的な関与が必要となる。理由はRPAを動かすためにはシナリオと呼ばれるロボットプログラムを開発する必要があるが、IT部門がロボットを開発するにしても、IT部門は各現場の業務に精通しているわけではないので、自動化対象となる業務の選定や業務内容は現場の担当者との連携が不可欠となる。この連携が上手くいかずRPAの全社活

3. ワークスタイルを変えるIT活用のケーススタディ

用が広がらないというケースが一般的に多く見受けられる。

その点に関しては、当社の場合は「ムダ取りWG」により、既に各現場の課題や業務のヒアリングを行っていたためRPAによる自動化が可能な業務を抽出することができていたことは幸いRPAの導入・活用のアドバンテージであった。

ただし、このような背景があったとはいえ、現場としてはRPAの効果には冷ややかであり、「自動化でどの程度削減効果が出せるのか？」とか「とにかく量が多くて残業時間なんて減らせない！」といった疑問や「本当は創造的な業務をもっと進めたい！」など、現状への不満も入り混じった声が現場から聞こえていた。

また、RPAを導入することで自分の業務が奪われ自身の存在価値がなくなることへの懸念からRPA活用を拒む業務担当者も少なくない。

RPA導入にはこれらの現場を説得し、協力を得ることが不可欠だ。

図3-7　RPA導入の不安

(2)課題に対応するアプリケーションを選ぶ

　先述の通り当社が選定したRPA製品は米国Automation Anywhere社の「Automation Anywhere Enterprise」である。

　選定には当社の社内システムを網羅できる「業務の適用範囲の広さ」と、RPAを利用する機会が多い管理部門の現場にて高いITスキルを必要とせずに効率的なロボット開発が可能な「ロボット開発生産性が高い」ということ、またロボットの運用に重点を置いた「ロボットメンテナンス性が高い」という3つのポイントを重視した。

　なお、RPAの特徴は「人が行う定型業務をレコーディングし、ソフトウェアロボットが自動実行！」、「ロボット管理機能により稼働状況を見える化！」、「Web・ERP・Windows・Unix……幅広い業務の自動化を実現！」であり、これらの特徴により機械的な定型業務を自動化することが可能となり「人はより創造的な業務に従事！」、これがRPAの真の導入効果ではないかと考える。

　ちなみに当社は、RPAを人事、総務、財務など管理部門を中心に利用しており、自動化対象業務は109件に及ぶ。労働時間を合計すると7,186時間以上の労働時間の削減効果が期待できる。

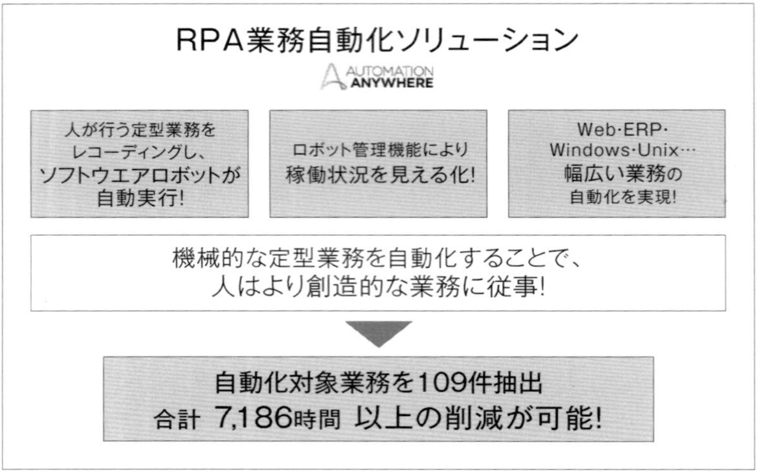

3. ワークスタイルを変えるIT活用のケーススタディ

RPA業務自動化ソリューション

AUTOMATION
ANYWHERE

人が行う定型業務を
レコーディングし、
ソフトウエアロボットが
自動実行!

ロボット管理機能により
稼働状況を見える化!

Web・ERP・
Windows・Unix…
幅広い業務の
自動化を実現!

機械的な定型業務を自動化することで、
人はより創造的な業務に従事!

自動化対象業務を109件抽出
合計 7,186時間 以上の削減が可能!

図3-8　RPAに期待される効果

(3) RPA導入によるソリューション

自動化が改革につながる

　労働時間の削減対象となったのは7,186時間の業務内容であるが、
1業務の作業時間は決して大きいものではない。中には月に2〜3時
間の作業時間のものもあるが、各担当者が実施している細かい業務を
合計すると大きな削減効果となる。

　また、RPAの場合、単純に作業時間を短縮するだけでなく、業務を
自動化するということは人が不在であっても業務を実行できる。これ
までのように業務ごとの担当者の都合に影響されてきた業務の実行ス
ケジュールやノウハウにも依存しない。つまり業務が属人化しないと
いう効果も生み出している。

96

また、RPAの活用により人が介在せずに業務が実行されることは、コンプライアンスの面からも有益である。

　たとえば、人事部門の人事査定データを作成する業務であれば、従来は人事部門の担当者が作業を行うために社員一人ひとりの査定情報が見えてしまうことになるが、RPAを適用することで業務担当者であっても個人情報を見ることがなく業務が完結する。また、RPAは実行した業務の証跡（ログ）が残せるため、内部監査対策として業務に不正が行われず正確に実行されたことを証明できる。これは特に経理・財務部門の業務に有益である。

導入実績			
部門	業務内容	頻度	効果(hr/月)
人事総務本部	人事調査用データの作成	半期	32
	Webシステムパスワードの再発行	随時	3
	部門単位でファイルの分割・集約	半期	2
	健康管理・勤怠実務データの作成	月次	4
	出金伝票システムへの転記作業	随時	7
	会議室課金の振替処理	日次	10
プロジェクトマネジメント本部	出荷予定と出荷実績の突き合わせ確認	日次	8
事業部門	他社購入品発注依頼のワンオペレーション化	日次	50
財務本部	業績取纏表の作成	月次	40
	進行基準の処理	四半期	25
	決算帳票及び開示帳票の処理	四半期	13
	請求処理	月次	80
	旅費精算の処理	月次	80

図3-9　RPAの対象業務と実績

現場の声を拾いながら

　当社にとってRPAの活用は効果を存分に発揮しているといえるが、利用している現場から聞こえてくる意見では課題が浮き彫りになった部分もあり、RPAの導入、特に運用面では難しい仕組みである。

　RPAはプログラミングスキル不要でロボットを開発できるものであるが、誰でも簡単に作れるというわけではなく、Excelマクロを組むほどではないものの、それなりの開発スキルは必要で、現場に開発できるメンバーがいないという問題がある。またRPA活用の効果を測定するのも簡単ではない。人が時間をかけて行っていた一連の業務プロセスがRPAに置き換わらず部分的に人手による作業が介在する場合もあり、その場合の効果は明確に把握できない。ロボットは開発した後も業務フローの変更があればメンテナンスが必要になるが、問題は開発者が限定され、かつロボットのメンテナンスが開発した本人しか対応できないといったロボット開発の属人的化という懸念もある。

　とはいえ、RPAの活用はこれまで行ってきたどの取り組みよりも効果が期待できる施策であることは確かであり、上手く運用することが重要である。

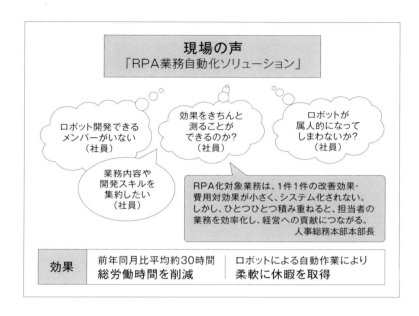

図3-10　RPA導入で促された現場

運営に向けた専門組織の設置

　RPAを導入して浮き彫りになった現場の課題を解消し、RPA本来の効果を最大限に発揮するために、当社ではRPA運用に関わる専門組織をスタートした。

　この組織はCoE (Center of Excellence) として「RPAセンター」と名付け、センター長 (PM) を中心に、運用チーム、開発チーム、サポートチームで構成される。

　それぞれの役割は、以下の通り。

センター長
- ・責任者（予算管理、報告業務）
- ・導入戦略・方針、要件定義、運用ルール、ガイドライン策定に関与

運用チーム
- ・RPA運用基盤の維持管理
- ・全社共有ロボット部品・テンプレートの管理
- ・ロボット開発・利用申請に対する審査・承認

開発チーム
- ・利用部門からのロボット受託開発
- ・業務ヒアリング・業務試行テスト
- ・開発スキル教育

サポートチーム
- ・RPA関連問合せ対応
- ・FAQ・Q&Aサイト、ユーザフォーラムの運用
- ・障害対応

　RPAセンターは、ロボットの管理・運用だけでなく、ルール作りから現場への展開・浸透まで、RPAの全社展開を進めるためには重要な機能となる。

　もちろん、この機能があれば世間で騒がれている持ち主のわからない「野良ロボット」や、コンプライアンス違反の「闇ロボット」の発生も防止できることは言うまでもない。

　なお、当社が全社にて運用・活用を行っているRPAに関しては、『KEYS TO RPA SUCCESS　日立ソリューションズのRPA成功法則』（翔泳社）に詳細が記載されているので、ご興味のある方はご購読願いたい。

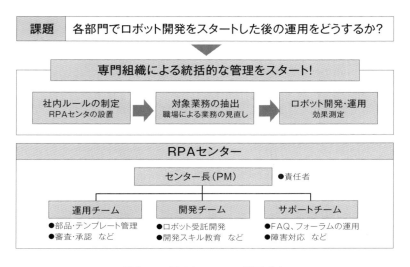

図3-11　RPAセンターの位置づけ

3-4 ストレス予測のケーススタディ

(1) ストレス予測が必要な背景

　当社の働き方改革の施策の中で「健康経営」は最も重要なテーマのひとつである。

　当社では社員の健康診断結果により就業制限・残業禁止措置を行っている。またメンタルヘルス対策として月に80時間を超える残業を行った社員への産業医による面談も実施している。なお、メンタル疾患から回復し職場への復職する際に、スムーズに職場復帰ができるように支援プログラムを用意している。

　このように健康経営に関してさまざまな施策を行っているが、これ

らの施策は既に健康やメンタルの疾患を発病している社員に対する取り組みであり、最良なことは社員の疾患を未然に防ぐことである。

そこで課題となるのは、そもそも「ケアが必要な社員をどうやって見つけたらいい？」ということだ。これまで「大切な人財をメンタル疾患から救えなかった……」という嘆きや、「社員には健康でイキイキと働いてほしい！」と組織は願っている。

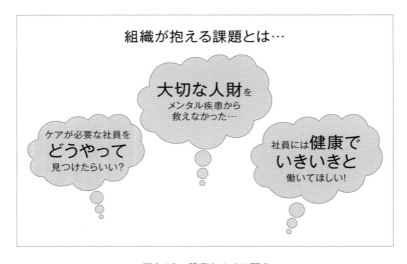

図3-12　健康をめぐる不安

(2) ストレスを予測するソリューションの開発

内閣府が発表している「企業が仕事と生活の調和に取り組むメリット」によると、休職者1人あたり422万円の余分コストが発生するというデータがあり、メンタル疾患を事前に防止することは企業にとっ

て人財面だけでなくコスト面からも大きなメリットといえる。

　当社では勤怠管理データを対象にAIを活用したストレス分析によりストレスケアが必要な社員をメンタルヘルスに陥る前に予測する仕組みとして「リシテア／AI分析」というソリューションを活用している。

　当社社内利用における実績では過去データの収集と予測モデルの構築により、対象者を53％予測・発見することが可能であった。

　なお、AIが出した予測結果を産業医と共有して面談を実施することで、これまで産業医の経験や知見に頼っていた診断だけでなく、データに基づいた適切なケアを行うことができる。

　ちなみに「リシテア／AI分析」は当社が開発した人事総合ソリューションであるが、「日本の人事部」HRアワードプロフェッショナル人事労務管理部門にて最優秀賞を受賞している。

図3-13　「リシテア」ソリューション

3. ワークスタイルを変えるIT活用のケーススタディ

　先述の事例1、テレワーク向け就業管理の中で、テレワーク実施中社員の業務の見える化にてソリューション活用事例を紹介したが、当社は人財戦略の新たな取り組みとして、勤怠情報を基に残業時間や有給休暇取得などのデータを集計し、組織や個人単位でグラフ化やランキング表示する機能として、「リシテア／HRダッシュボード」というソリューションを導入、2018年10月より一般のお客様への販売を開始した。

　このソリューションにより実現できる内容は以下の通りだ。

- ・テレワークやフレックスタイムなど勤務形態の多様化に向け、組織／個人の働き方の見える化を実現、また現状の残業時間と当月内の残業時間を予測
- ・管理職は、組織単位で当月の残業予定時間を把握し、残業の多い担当者の業務を組織内で分担するなど、長時間労働の是正や、チーム内の負荷分散、各担当者の業務の見直しが可能
- ・社員個人は、自らの働き方を把握し、業務のやり方を工夫するなど、自律的な改善を行うことができる

　なお、2019年4月から施行された「働き方改革関連法」（中小企業は2020年4月から施行）では残業時間の上限が規制（*）されるため、各職場では担当者一人ひとりの残業時間に対して、これまで以上に配慮したマネージメントが求められる。本ソリューションは当社内でも利用開始したばかりであり、効果については順次発表していく予定である。

* 働き方改革関連法　時間外労働の上限規制内容：
・残業時間の上限は月45時間かつ年360時間が原則。
・繁忙期には単月で休日労働を含み100時間未満。
・2～6ヶ月の平均で休日労働を含む80時間以内。
・月45時間の原則を上回るのは年6回までの年720時間。

「働き方改革」を進めるうえでの問題点をグラフィカルにアラート表示

月間残業時間の超過見込み者をアラート表示し、先手の行動を支援します。ドリルダウンやフィルタ機能により、課題のある勤務状況を掘り下げ、データに基づいた効果的な改善策の立案をサポートします。

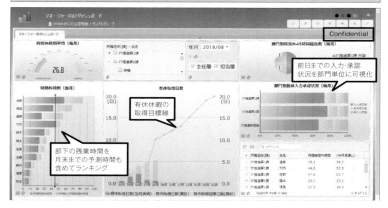

図3-14　問題点を可視化する

働く一人ひとりへ「働き方改革」の進捗を可視化

従業員が、自分の「働き方改革」の進捗具合をグラフィカルに確認する事が出来ます。
部署内の他のメンバーとの働き方をランキング形式などで比較可能。働き方を変えるきっかけをつくります。

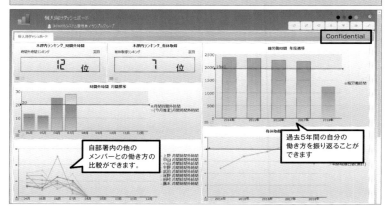

図3-15　進捗を可視化する

3. ワークスタイルを変えるIT活用のケーススタディ

(3)経験と勘からデータ活用の診療へ

　現場の声ということで、当社の産業医である辻先生のコメントを以下に紹介する。

　「これまで、産業医の知識やノウハウなどで社員の健康をサポートしてきました。一方、「リシテア／ＡＩ分析」は、勤怠などの事実データを、客観的な指標に基づいて、科学的に分析できる点が優れていると感じています。」このようにメンタルヘルスにおける産業医の面談についても、これまでは産業医の経験と勘に基づいていた診察がデータ活用により診察精度の向上に貢献しているようである。

　今後対象データを増やし、多角的に分析・予測を行っていく予定だ。

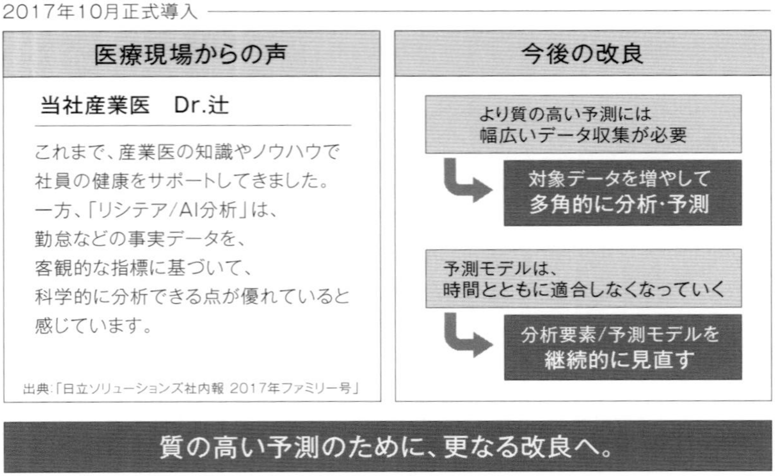

図3-16　リシテア導入の進捗

3-5 チャットボットのケーススタディ

(1)多様な非定型業務の課題

　先述のRPAのケーススタディでは、"定型業務"や"ルールベースの作業"の効率化に関して、RPAが有力なツールであることを当社の取り組みを例に紹介したが、非定型の業務に関してはどうだろう。

　たとえば、社内にあるドキュメントを検索する際や、特定の社員に連絡を取りたい時に行う連絡先の検索や、打ち合わせ日程・場所の調整。さらには社内手続きを行う際のシステム検索や入力作業など、これらは定型的な業務フローに準じた作業というよりも社員のやりたいことがその都度多様なパターンで発生していく作業である。

　これまで社員がオフィス業務を行う場合、必要な情報を入手する際は「情報がありすぎて探すのが面倒……」とか「必要な情報を誰でも簡単に揃えられたらいいのに……」と思っていることだろう。外出中に報告作業や社内システムに入力を行いたいが、作業は社内環境でしかアクセスできない場合「このあとまたオフィスに戻る時間がもったいない……」と嘆いている。

3. ワークスタイルを変えるIT活用のケーススタディ

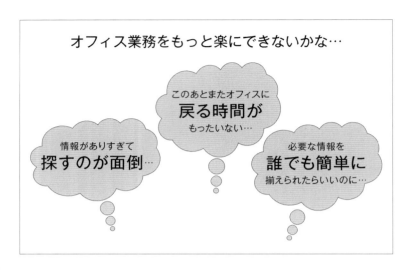

図3-17　オフィス業務での不満

(2) 課題に応えるツールを開発

　この課題に関しては、当社では自社開発を行った「AIアシスタントサービス」というツールを活用している。

　ツールの機能はスマホやタブレットを活用し、Skype for Businessのチャットをインタフェースに音声やテキスト入力でチャットボットと対話するとAIアシスタントサービスがユーザーに代わって社内システムにアクセスし業務を実行することができる。

　また、AIアシスタントサービスの特徴は、「自然言語を理解して、検索・回答できる」、「既存システムと幅広く連携」、「ユーザー特性を機械学習」という3点である。

　これを具体的に説明すると、「自然言語を理解して、検索・回答できる」ので、情報検索や社内システムにアクセスする際、情報のありか

や対象システムの名称が分からなくても、単純に「○○の提案書が欲しい」とか「○○製品を担当している人」と普段会話しているような文面をチャットに入力または音声で話しかけることで、対象の情報を探してナビゲートしてくれる。もちろん社内システムに対しても「○○手続きがしたい」とテキスト／音声で入力すれば対象の社内システムへアクセスをナビゲートしてくれる。

　二つ目の特徴は「既存システムと幅広く連携」できるので、情報ソースや対象システムが何であり、それがイントラネット内やクラウドサービス環境などどこにあっても情報を取得することができる。具体的にはMicrosoft社のOutlookと連携する際は企業が導入・契約している環境に関わらずスケジュール管理や施設予約と連動し、会議参加メンバースケジュールや会議室予約をAIアシスタントサービスが代行してくれる。ファイル検索についてもドキュメントフォルダや文書管理システムを検索して、文書作成や製品担当者の検索も同時に行うこともできる。

　三つ目の特徴は「ユーザー特性を機械学習」してくれるので、検索した際に表示する結果は学習により利用者が選択した実績に応じて優先順位を最適化する。使えば使うほど利用者にとって使いやすいシステムとなる。

3．ワークスタイルを変えるIT活用のケーススタディ

特長1 自然言語を理解して、検索・回答できる!!

特長2 既存システムと幅広く連携!!

特長3 ユーザー特性を機械学習!!

図3-18　ツールの特長

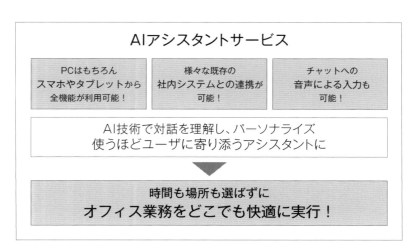

図3-19　ツールの位置づけ

3-6 改革を支えるITツールの成長

　AIアシスタントサービスについては、これらの特徴により業務効率化をアシストすることに関して効果を理解いただけたと思うが、実はPoCの実施含め導入を検討されているお客様からは、FAQ等の社内データを事前に構築する必要があり「どんなふうにまとめればいいのかわからない……」とか、「導入後の辞書DB等のメンテナンスが面倒なのでは……」といった懸念があるようだ。

　このような懸念に対しては、FAQをテンプレート化し指定フォーマットに集約することや、辞書生成ツールの開発、社内Webサイトクローリングツールで業務とURLを簡単に紐付ができる機能を開発中である。

　引き続き当社内で活用しシステムのエンハンスや、使い方の知見・ノウハウを集約しビジネスにフィードバックしていく。

　この考え方は、当社の働き方改革を支えるITツールのすべてに共通して言えることで、全社員が働き方改革ソリューションを実際に使っている立場からお客様に話ができるということは、これまでのソリューションには無かった強みではないかと思う。

3．ワークスタイルを変えるIT活用のケーススタディ

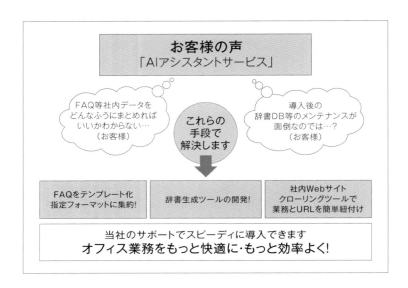

図3-20　改革をサポートする仕組み

Chapter4

「こぼれ話」

こぼれ話

想定していなかった結果のこと

　働き方改革を行う中で利用したテレワークについては先述の通り効果や課題が明確化したが、それ以外に当初は想定していなかった結果も生まれているので、このあたりについても紹介したい。

　リモート会議を行う際、参加者間で資料をPC画面で共有できることは利用者に好評であった。

　この機能はリモートで参加する人には有益であるが、会議室にいるメンバーにおいても予約が取りにくい液晶プロジェクター備え付けの部屋を使わずに画面を共有することができることはありがたい。しかも自分のPCで画面を見られることはCMで話題の「○○○ルーペ」が必要な初老世代には、細かい文字や、資料全体を俯瞰したい時など画面の縮小拡大が自由にできるので便利である。また、説明者にとってはポインタを操作し説明したい箇所を的確に伝えられる点は会議の時間短縮にも多少なりとも貢献しているであろう。

　ビジネスチャットについても好評であった。

　従来のコミュニケーション手段は社内であってもメールが基本であったが、メールは非同期ということもありリアルタイム性に欠ける。その点、ビジネスチャットであれば相手がPCを使える状態なのか離席中なのかを把握できて、リアルタイムで双方向コミュニケーションが可能になる。テレワーク中の場合は業務時間が制約される中でリアルタイムコミュニケーションを行えることは、要件をタイムリーに伝えることができるのでありがたい。

　一番心配であったのは勤怠管理である。テレワーク中は常に業務を行っているわけではなく、子育てや介護などに時間を割くため断続的な作業時間となる。このような管理については、勤怠管理システムにてPCの稼働時間から作業時間を自動管理できるため、意外と問題なく運用ができている。もちろん打刻操作なども社内での操作と変わら

ないため操作性も問題ない。

要するに「思ったほど困らなかった！」のである。

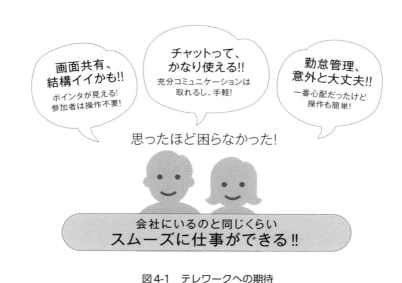

図4-1　テレワークへの期待

　テレワークを実際に行ってみると、実は課題も浮き彫りになっている。

　ほとんどのことは想定範囲内ではあったが、やはりITツールを使う以上、技術的な問題も発生する。初めて利用する際は利用者自ら接続設定を行う必要があり、これにてこずる社員が多かった。この問題はマニュアルを整備していても社員のITスキルはまちまちであるため一時的に社内ヘルプデスクがパンクするような事態も発生した。

　オンライン会議を行う場合、ツールの方式にも依存すると思うが大容量のデータ通信が行われるためネットワーク環境によっては音声品質が不安定で会話が聞き取れない事象が発生したり、画像が表示で

こぼれ話

きないことも頻繁に起こる。特に自宅から参加する場合は、時間帯によっては帯域が確保できずに画像・音声無しでの会議となる場合もあり、かろうじてPC画面を共有するだけの残念な会議となることもあった。

　また、環境や技術的な面以外でも問題はある。オンライン会議を行う際はメンバーの誰かがスケジューラ上で会議の登録・設定を行う必要があり、参加者もネットワークの向こうにいる1人を意識して常時資料共有機能やマイクを使った発言が必要になるため、テレワーク利用者がメンバーにオンライン会議をお願いすることに、気が引けるという課題も発生している。オンライン会議がもう少し簡単にできるようなITツールが登場するか、オンライン会議に慣れるまで我慢して使い続けるくらいでないと、オンライン会議を使う際に発生する「ちょっと困った……」的なトラブルは解消されないであろう。

図4-2　テレワークの実際

こぼれ話の最後に、テレワークによるもう一つの意外な効果をお話ししたい。

　働き方改革の中で、会議の効率化と合わせて経費削減とセキュリティの観点からこれまで「ペーパレス」を推進してきたが、当社には紙がないと安心できない人たちが多く存在しペーパレス文化はなかなか普及しなかった。

　ところがテレワーク利用者がリモートで会議に参加する場合は紙を配布することはできないため、オンライン会議を行う際は最初からPC画面共有を前提としてペーパレスで会議を行っていた。これまでは紙を配布しないと不安であった人たちが、気が付けばペーパレス会議を実現していたのだ。永遠の課題だと思われていたペーパレスが実現していることは、まさに奇跡といえる。

　ビジネスチャットによる意外な効果もある。

　メール本文を作成する場合、必ずタイトル欄に「タイトル」を記入し、本文の最初の行には「宛名」を記載し「いつもお世話になります……」から始まるお決まりのルールがある。ところがビジネスチャットの場合はタイトルも宛名も挨拶も必要なく、最初から要件を記載するのが一般的だ。実はメールには当社含め日立グループ独特の文化があり、宛名を書く際は苗字をかっこで囲い、その後ろに役職の頭文字のアルファベットを付ける慣習がある。たとえば部長なら「B」、課長なら「K」というふうに。

　実はこれには困ることがある。常付き合いのある相手であれば当然のことながら役職がわかっているので、どのアルファベットを書けば良いのかはすぐにわかるが、当社は5,000人の会社であるため、さすがに全員の役職を把握することは不可能だ。宛名を書く時は、イントラの電話帳から社員情報検索で役職を調べる必要がある。特に4月、9月は昇格者が多く確認作業が多くなり、これが結構大変だ。

　ビジネスチャットを使えばフラットなコミュニケーションが実現

こぼれ話

し、さらに余分な挨拶や確認作業が不要な点は効率化に貢献している。

図4-3　意外な効果

ワークスタイル変革ソリューションの未来

　最後に当社が考えるワークスタイル変革の未来についてお話したい。

　働き方改革の成功の根幹にあるものは社員がいかに高いモチベーションを持ちながら働くことができるかということであろう。

　それを支えるために、社員個々の事情に適した柔軟な働き方や、労働時間の短縮と生産性を向上するための仕事のやり方の見直しに関する活動や、RPAやチャットボットなどのITツールの活用。また健康経営として人材管理システムや産業医との連携などによるメンタルヘル

スケアの仕組みを進めている。

　さらに、これらの取り組みから収集したデータを一元管理し「HR
データレイク」として活用することで、社員一人ひとりの最適な働き
方をサポートし、人材マネジメントの枠を超えた包括的なタレントマ
ネジメントにより個人と組織の生産性を画期的に向上することが可能
になる。

　具体的には、社員個々のPCやスマートデバイスなどの端末からワー
クログを収集する。先述の「Work Time Recorder」のワークログ収集
や、勤怠情報を基に残業時間や有給休暇取得などのデータを集計する
「リシテア／HRダッシュボード」、さらにはCRMや基幹システムな
どから直接データを吸い上げることで、パーソナルライフ支援として
個人のスキルマップや人的ネットワーク図、業務特性分析など、社員
が自分自身のスキルやリソースを把握し、個人の仕事・生活における
パフォーマンス向上を支援するより高度なダッシュボードを提供する
こができる。

　また、これらのデータを人材／財務の観点から多角的に分析するこ
とで、個人・組織を対象に実施した施策の効果をリアルタイムで計測
することが可能になり、経営者向けダッシュボードとして人財戦略だ
けでなく経営戦略の中核として位置づくものであると考える。

こぼれ話

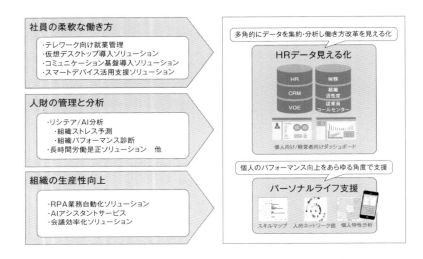

図4-4　ワークスタイル変革と経営

日立ソリューションズがめざすもの

　これまでの企業における経営戦略は、製品やサービスなど本業に投資を行う戦略が主体であった。この働き方改革は社員への投資であり、それは教育や雇用という人財育成に関わる投資ではなく、社員の働き方そのものを支援するために行う投資である。
　これは会社が一方的にメリットを得るものではなく、社員個人が幸せを享受し同時に会社が成長するというこれまでになかった社員と会社の双方がメリットを得られる経営戦略である。
　今後ますます労働人口が減少し労働力不足になっていく日本社会にとって、働き方改革は日本の成長を推し進めることができる取り組みの一つであることは間違いない。
　当社はこれまでの取り組みで得た知見とノウハウをソリューション

というかたちでお客様を支援し、それが日本の社会発展に貢献できるものであると確信している。

あとがき

　私がこの企画を労政部の林さんと金子さんに持込んだ時は、ちょうど新卒社員採用の多忙な時期にもかかわらず快く承諾いただいた。

　それは、彼らは働き方改革の取りまとめとしてさまざまな施策を推進してきたものの、それがマーケットからどう評価されているのか知りたかったことが本音だそうだ。

　実施している施策は、他社から見て正しいのか？

　進め方の手順は間違っていないだろうか？

　働き方改革全体の取り組みとしてのどの程度レベルなのか？

　労政部としては、これらの疑問を抱えたまま進めていることにさぞかし不安であったことだろう。

　営業活動支援の一環として、労政部自ら出動しお客様の人事部門や経営企画部門に当社の取り組みを紹介しながら情報交換を行うことがあるが、大概の企業は働き方改革に取り組む前に、現状分析を行い課題の整理と施策の試行を繰り返しながら準備に最低でも1年はかけるというモデルが多い。ところが当社の場合はトップから即結果を求められることが多く、"まずはやってみる"というモデルである。

　また、当社の場合はITを積極的に活用しているが、オフィスフロアや会議室に至っては何の目新しさもなく、インターネットやテレビなどでよく見る遊び心がふんだんに盛り込まれたGoogleやFacebookのような米国シリコンバレー企業のオフィスとは比べ物にならない。

　言いわけではないが働き方改革へのアプローチは企業によりさまざまなパターンがあり、正解は一つではないと思っている。

　皆さんはウォルト・ディズニーの明言をご存じだろうか。

　「ディズニーランドはいつまでも未完成である。現状維持では後退するばかりである。」

働き方改革も同様に、社会環境や社員のライフスタイルの変化に合わせて、常に変化していくことが必要であり、ゴールというものなく施策の検討や見直しは永遠に続けていくものではないだろうか。

　ディズニーランドはキャストが演じることを楽しんでいれば来場者も夢の国を満喫できる。その結果リピーターとなるように、企業も社員がモチベーション高く仕事をしていればお客様から信頼され業績が向上する。それが社員のさらなるモチベーションアップにつながる。

　「当社の働き方改革はいつまでも未完成であり、永遠に改善を続ける。」という言葉で締めくくりたい。

　この本をお読みいただいた皆様には、当社の取り組みをどう思うのか忌憚のないご意見をいただければ、労務部も評価結果がどうあれ自分たちの取り組みのポジショニングが明確になり、さぞかし満足であろう。

2019年吉日
執株式会社日立ソリューションズ
松本匡孝

本書に記載されている会社名、商品名、ロゴは各社の商標、または登録商標です。

〈付録〉働き方改革の課題と解決の資料（Chapter2関連）

　当社の働き方改革の目的については本書の24 ～ 25ページに記載している。あらためて目的を達成するために解決すべき課題の要因を解析し、解決するために必要な施策とITについて、目的別にまとめているので施策の策定やITを導入する際の「解決施策／ IT検討ツール」として活用していただきたい。

　なお、本ツールは長時間労働削減だけでなく、イノベーション創造やダイバーシティ関連への対応を含めた内容となっている。

　なぜなら長時間労働の防止を目的に残業禁止や休日取得を義務づけることで、労働時間を削減した結果、労基法にもとづいた残業時間の上限規制に対応することは可能になるであろうが、社員が労働時間規制を意識するあまり、企業としての総生産量低下を招きかねない。スティーブン・R・コヴィー氏が提唱する「七つの習慣」では業務を４つの領域に分類しているが、日々の業務の実行では緊急度の高いものから手をつける傾向があるため「緊急で今は重要なこと」（第１領域）と「緊急だが重要でないこと」（第３領域）を優先し、本来企業が成長のために取り組むべきはずの「緊急ではないが目標達成のために重要なこと」（第２領域）はないがしろにされがちである。

第1領域 緊急で 今は重要なこと	**第2領域** 緊急ではないが 目標達成のために重要なこと
第3領域 緊急だが 重要でないこと	**第4領域** 緊急ではなく 重要でもないこと

出典:スティーブン・R・コヴィー「7つの習慣」

業務における4つの領域

　このような考え方の社員が増えてくると、将来的には企業の総生産量の低下をまねき売上が減少する可能性がある。残業削減により一時的に人件費が減り利益率が向上することがその問題に気付きにくくするかもしれない。

　働き方改革への施策は長時間労働の防止と合わせて総生産量の増加による業績の維持・拡大を目的にした施策の実施も必要であり、それは生産性の向上や業務品質の向上、無駄の排除、プロジェクトマネジメント力の向上、さらにはモチベーションの向上が重要な要素となる。

<付録>

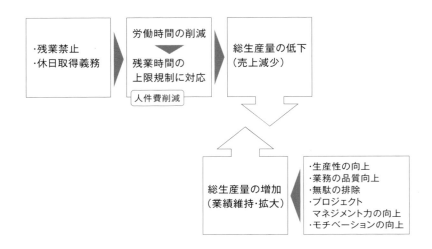

働き方改革に必要な要素

　モチベーションの向上には本書の中で社員間のポイント付与制度や幹部や他部門との交流を目的とした懇親会、茶飲みケーションなど、コミュニケーション施策として当社の取り組みを紹介しているが、さらにモチベーションを高める要素としては、本来業務の比率を高めることである。マッキンゼー社の調査によると、ホワイトカラーの業務時間のうち6割は本業以外といわれるメール処理や情報の検索・情報収集、会議の準備・調整や打ち合わせなど間接的な業務を行っており、この間接業務の比率を削減し本来業務の比率を増やすことが重要だ。当社の事例ではムダ取りWGやRPA、チャットボットなどが、この取り組みの一環と言える。

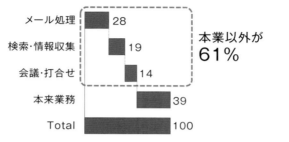

ホワイトカラーにおける本来業務の割合

　この考え方にもとづき、当社が掲げた3つの目的は、以下の通りである。

<付録>

目的1	**健康で無理のない労働時間・環境の整備** 社員の健康・安全を第一に優先した労働時間ルールを定め、厳守する職場	
	解決すべき課題	・長時間労働の実態を把握できない ・必要のない残業が多い ・一定期間業務が集中し残業時間が増加する ・社員に長時間労働を抑止する効力が弱い
目的2	**柔軟な発想による新規事業の創出** 創造性の高い仕事や、生産性を高めることへの意欲が高い職場	
	解決すべき課題	・職場に創造的な仕事を支援する風土がない ・必要な情報や知識を活用できない ・非効率なコミュニケーション環境
目的3	**多様性を尊重する組織風土の醸成** 異なる価値観を持つ社員を受け入れ、活躍できる職場	
	解決すべき課題	・社員のテレワーク等の制度利用が進まない ・働く側の事情に配慮した仕事環境になっていない

設定した目的（P25　図2-3）

　この目的を実現するにために弊害となっている課題と要因を分析し、解決に向けた施策とITを目的別に記載している。

目的1：健康で無理のない労働時間・環境の整備①

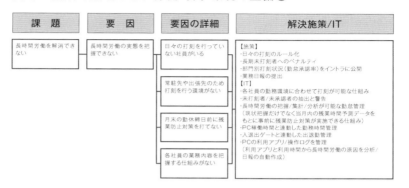

【解説】

　長時間労働を解消できない課題としては、長時間労働の実態が把握できていないという要因が考えられる。要因の詳細としては、社員の勤怠打刻の未実施と上司の未承認、さらには社員の業務内容を上司が把握できないため対策が打てないということが考えられる。

　まずは社員の未打刻の問題であるが、解決するためには未打刻者への罰則や部門別打刻状況の社内公開など社員に打刻の意識づけを行う施策と、リモートデスクトップ／仮想デスクトップ環境にてオフィスに戻らなくても会社支給のスマートフォンやタブレット、2 in 1 PCなどを利用して、どこにいても打刻ができるようにIT環境の整備も合わせて行う。

　もうひとつの課題である社員の長時間労働の原因が把握できていないことへの対策であるが、長時間労働の原因は各社員により異なるため、一人ひとりの状況に適応した対策を行うことが重要だ。解決するためには、社員ごとの残業時間の管理と業務内容を管理する必要がある。残業時間の管理については労基法の残業時間の上限規制（「残業時間の上限は月45時間かつ年360時間が原則」、「繁忙期には単月で休日

<付録>

労働を含み100時間未満」、「2〜6ヶ月の平均で休日労働を含む80時間以内」、「月45時間の原則を上回るのは年6回までの年720時間」）にもとづき、各社員の残業時間を各月の勤休が確定する前に把握し事前に対策を行うことが求められる。これには各社員の残業時間を予測しシミュレーションが行えるようなBI(Business Intelligence)機能を実装したITが有益である。

　業務内容の管理については、社員が業務日報を提出することで上司は管理することが可能であるが、社員が作成する日報では実態を正確に分析することは難しい。各社員にとって負担になっている作業内容の分析を行うには、作業内容と作業ごとの時間配分を把握する必要がある。それは業務端末から利用アプリと操作履歴(ログ)を収集するITを利用することで効率的に実態を把握することができる。運用として常時業務端末の内容を上司に見せたくないという場合には、業務終了後に日報形式で利用アプリの操作時間・内容が記載された日報を自動生成する機能があれば社員の日報作成の負荷を軽減するメリットもある。

目的１：健康で無理のない労働時間・環境の整備②

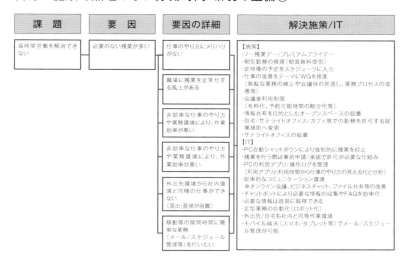

【解説】

　長時間労働を解消できない２つ目の課題としては、必要のない残業が多いことが要因として考えられ、要因の詳細として"だらだら残業"といわれる社員の非効率な仕事のやり方や、残業を定常化する職場の風土の問題がある。施策としては週に１日だけ残業を制限するノー残業デーの実施や月の最終金曜日を対象にしたプレミアムフライデー（当社では第２金曜日も対象）、会議室の利用制限などと合わせて無駄な業務の見直しや業務プロセスの改善などがあり、これらの施策と組み合わせて残業時間に業務端末の電源を自動的にシャットダウンする機能や、残業を行う場合は業務端末の電源がシャットダウンされないように残業申請を行うワークフロー機能など、ITが効果的である。

　業務環境の問題でオフィスに出社しないと通常の作業ができないという場合は、社外から社内システムにリモートアクセスが可能な仮想

<付録>

デスクトップ／リモートデスクトップ環境などを構築することと合わせて、テレワークに関する規約を自宅以外でも業務が可能なように変更する必要がある。もちろんスマートフォンやタブレットでメール／スケジュール管理など簡易業務ができるようにすることも隙間時間に作業ができるため、残業時間削減に貢献する。

　定型業務が多くモチベーションが上がらないという課題であれば、RPAやOCR等を利用することで業務を自動化し、本来業務にシフトすることでモチベーション向上を図ることが可能である。

目的1：健康で無理のない労働時間・環境の整備③

課　題	要　因	要因の詳細	解決施策/IT
長時間労働を解消できない	一定期間業務が集中し残業時間が増加する	業務の特性上やむを得ない（月末/月初、年度末/年度初等）	【施策】 ・変形労働時間制の導入 ・業務計画の策定 ・フレックスタイム制 ・労働裁量性 ・ワークシェアリング 【IT】 ・フレックスタイム制や変形労働時間制に沿った勤怠管理 ・社員の業務経験/スキルを管理し最適な人員を柔軟に配置 ・定型業務の自動化(ロボット化)
		仕事量が流動的なため十分な人員を確保できない	

【解説】

　長時間労働を解消できない3つ目の課題としては、企業では月末、月初、年度末、年度初など、多くの部門で一定期間業務が集中することがある。これは業務の特性上やむを得ないことであり、また仕事量が流動的なため繁忙期に合わせて人員を維持することも難しい。これに対しては、変形労働時間制の導入やワークシェアリングなどを導入する企業もあるが、一般的なデスクワークを行う部門では裁量労働制や業務計画の策定、フレックスタイム制などを利用して対応する企業

が多いであろうが、業務量の削減に貢献するものではない。

このような状況にはRPAやOCRのようなITを活用することが繁忙期の平準化に貢献する。

特に経理や人事、総務など間接部門は定形的な業務が多く、RPAによる業務の自動化が期待できる。

目的1：健康で無理のない労働時間・環境の整備④

課　題	要　因	要因の詳細	解決施策/IT
長時間労働を解消できない	社員に長時間労働を抑止する効力が弱い	残業を削減すると収入が減少する	【施策】 ・残業削減を人事評価へ反映 ・残業削減分のインセンティブ支給 ・面談による削減目標の設定 【IT】 ・人事評価との連動 ※業務成果と残業削減の両面から試算 ・インセンティブ管理の自動化 ・長時間労働を効率的に管理が可能な勤怠管理 （組織内メンバーの残業時間を一覧で表示し、一元的に管理ができる仕組み）
		＜管理職＞ 部下の残業管理により管理工数が増加	

【解説】

長時間労働を解消できない4つ目の課題としては、社員に長時間労働を抑止する効力が弱いということが要因として考えられる。社員の残業を削減する意識が欠如しているという場合もあるが、残業を削減すると収入が減少するという要因の詳細が考えられる。これに対する施策としては削減した残業代をインセンティブとして補てんするという方法もあるが、残業代の全額を会社が補てんすることは難しい。そこで残業を削減することを人事評価に反映するという施策が効果的である。これまで一般的に国内企業は残業を多くする人が評価される傾向があったが、評価基準を労働時間ではなく仕事上の成果で判断する考え方に変更する。具体的には目標管理制度（MBO：Management

<付録>

by Objectives)に残業の削減目標を盛り込み、業務における目標の達成と合わせて管理していく。業務上の目標達成は達成状況を毎月管理することは難しいが、残業時間の削減は達成状況が明確に把握できるためモチベーション向上にも役立つといえる。また最近では米国シリコンバレーの大手企業を中心に新たな目標管理としてOKR (Objectives and Key Results) を採用する企業が増えている。OKRは日本語に訳すと「目標と主要な成果」となり、会社全体が達成するべき目標(Objective)を、部門や各社員の主要な成果(Key Result)に落とし、Key Resultを達成することによりObjectiveを達成するというのがOKRの考え方である。

　残業管理が管理職にとって負担となっている課題については、残業管理を効率化するために組織内のメンバーを一元的に管理できるダッシュボードが有益である。

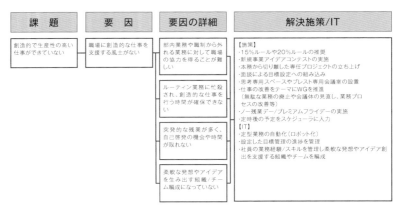

【解説】

　創造的で生産性の高い仕事ができていないという課題については、職場に創造的な仕事を支援する風土が乏しいという要因が考えられる。部内業務や職制から外れる業務に対して職場の理解や協力を得ることが難しいという風土的な問題と、ルーティン業務に忙殺されて創造的な仕事を行う時間が確保できないことや、突発的な残業が多く自己啓発の機会や時間が取れないといった業務負荷が弊害となっている場合もある。また組織やチーム編成が柔軟な発想やアイデアを生み出すようなメンバー構成になっていないことからプロジェクト／WGを推進したとしても成果が生まれにくいという可能性もある。

　これらの問題は職場の風土だけでなく時間が確保できないという問題が関係しており、さらにはメンバー編成の問題という要素も絡み合っている。

　解決するための施策として当社は実施していない施策ではあるが、米国3M社の「15％ルール」（勤務時間の15％は通常の職務を離れて自分のやりたいことに取り組んでよい）や同様の施策で米国Google社が実施している「20％ルール」が参考になるかもしれない。会社が承認したルールであるため職場の理解を得られないといった風土的な問題には有効といえる。ただし、多忙な業務をこなす中で15％や20％の時間を確保することが困難な場合もあることから時間を捻出する施策も合わせて検討する必要がある。無駄な業務／会議体の見直しや業務プロセスの改善などを行い、定型的な業務についてはRPAによる自動化などだ。

　組織やチーム編成に関してイノベーティブなメンバー構成とするには、社員の業務経験やスキルを管理し、プロジェクトの目的に応じて適したメンバーを選定できるタレントマネジメントシステムを活用することで可能になる。

<付録>

目的2：柔軟な発想による新規事業の創出②

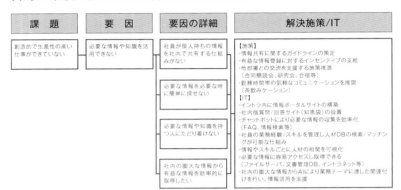

【解説】

　創造的で生産性の高い仕事ができていないという課題の2つ目は、必要な情報や知識を活用できないという要因が考えられる。それは、そもそも社員個人が所有する情報を共有する仕組みになっていなければ情報は活用はできない。また情報が社内に存在するにも関わらず必要な情報を必要な時に簡単に探せないことや、必要な知識を持つ人にたどり着けないといった要因の詳細がある。これらの課題に対しては、個人持ちの情報を共有するために情報共有に関するガイドラインを策定し、情報公開におけるルールや手順を決める必要がある。さらに有益な情報登録へのモチベーションを上げるためにインセンティブも効果的である。

　IT活用という観点では、イントラ内にカテゴリー別に情報を登録した情報ポータルサイトを構築する。また、ネット上で利用されている「Yahoo!知恵袋」の社内版を構築することも効果的だ。社員が欲しい情報を社内に呼びかけ、他の社員が回答という形で情報を取得する。これは情報をあらかじめ登録するということに比べて難易度が下がる

だけでなく、集まった情報は全社で利用可能なデータベースとして蓄積されるメリットもある。

　必要な情報や情報・知識を持つ人にたどり着けないという問題には、先述の社内版「Yahoo！知恵袋」を利用し、欲しい情報や知識を呼びかけるという方法もあるが、呼びかけに対して対象の社員から確実に回答を得られる保証はない。企業内では情報共有・管理の手段としてファイルサーバを利用することが一般的ではないだろうか。そのため社内に蓄積した情報のほとんどはファイルサーバに存在する。そこで当社の製品であるが「活文File Server Optimizer」という製品を利用すれば、ファイルサーバを解析しフォルダー階層を自動で最適化する機能や、取得したファイルからファイル作成者にリーチする仕組みを生成することも可能になる。

　さらにAIを活用すれば社内に蓄積した膨大な情報を利用者が意識することなく、有益な情報にたどり着くこともできる。従来の検索エンジンのようにキーワードからヒットした情報のみを取得するのではなく、関連性の高い情報を相関図として表示する仕組みであるが、情報間の関連性については膨大なデータからAIが学習し関連付けを行うため、人では気付くことのできない様々な観点から関連するデータを余すところなくに見つけ出すことができる。

<付録>

目的2：柔軟な発想による新規事業の創出③

課　題	要　因	要因の詳細	解決施策/IT
創造的で生産性の高い仕事ができていない	非効率なコミュニケーション環境	相手の在席状況や居場所がリアルタイムに把握できない	【施策】 ・ITリテラシー向上に向けた従業員向けIT教育の実施 ・ITツール活用状況を部門別にランキング表示 ・ITヘルプデスクの体制強化 【IT】 ・相手のプレゼンスをリアルタイムに把握できる仕組み ・会議の準備～実施～議事録作成までの一連の運用が連動し会議に関わる作業を効率化する仕組み （アジェンダ共有、資料事前レビュー、インタラクティブホワイトボード、音声のテキスト変換等） ・いつでも、どこでも、だれとでも簡単にビデオ会議が実施できる仕組み ・チャットボットにより必要なメンバーへのアクセスや会議セッティングを支援 ・顧客/パートナー等社外とのコミュニケーションも社内環境と同様に効率的に行える仕組み （ビジネスチャット、大容量ファイル転送、ファイルセキュリティ、共有ファイルのバージョン管理
		会議の運用が非効率 （日程調整、資料作成、資料配布、ホワイトボード、議事録等）	
		テレビ会議のセッティングに手間がかかる	
		顧客/パートナー等社外とのコミュニケーションが非効率 （メール誤送信、添付ファイルの暗号化、大容量ファイル共有等）	

【解説】

　創造的で生産性の高い仕事ができていないという課題の3つ目は、非効率なコミュニケーション環境が要因となっていることである。要因の詳細は相手の在籍状況や居場所がリアルタイムに把握できないことによるコミュニケーションロスの問題。会議の運用が非効率的で、日程調整や資料作成、資料配布、ホワイドボードの活用、議事録作成など会議の準備～実施～終了まで、あらゆるフェーズで手間と時間をかけている。テレビ会議のセッティングにおいても手間がかかり、なかなか会議がはじめられないことによる時間のロスはコスト面でも損失といえる。またコミュニケーションは社内だけでなく、お客様や取引先のパートナー企業も対象となるが社内と違ってファイル共有やプロジェクト管理を行うような専用環境がない場合が多く、情報共有手段はメールが主流となる。メールの場合、誤送信の問題や添付ファイルを暗号化する手間、添付ファイルの容量制限など、決して効率的とはいえない。

これらを解決する手段としては主にITを利用する必要がある。具体的には相手のプレゼンスがリアルタイムに把握できればコミュニケーションロスも低減し、会議の手間については会議のセッティングはチャットボットを活用しメンバースケジュールと会議室の予約はボットのナビゲートにチャットで回答することで手間なく完結する。会議資料は事前にアクセス権を限定した社内サイトに公開し、会議出席予定者間でレビューを行うことにより、会議開始までにメンバーの質問と回答事項はクロージングしている。会議中にホワイドボードに書き込んだ情報はテキストに変換され議事録とセットで関係者に共有される。なお議事録は音声書き起こしシステムにより、人が議事を作成するまでもなく参加者の発言がテキストに変換される。

　お客様や取引先パートナー企業とのコミュニケーションについても、メールではなくクラウド上に環境を構築した（または既存サービスを契約）企業間コラボレーション基盤を利用し、チャット形式でメッセージを送付することで、ファイル共有についても容量を気にすることなくアップロードし、暗号化も自動で行うためセキュリティ面での心配もない。

　なお、施策というわけではないがITを利用するには慣れが必要であり、まずはITリテラシー向上を目的としたIT操作教育が必須である。また利用者からの問い合わせに対応するため社内のITヘルプデスク体制の強化も必要となる。

<付録>

目的3:多様性を尊重する組織風土の醸成①

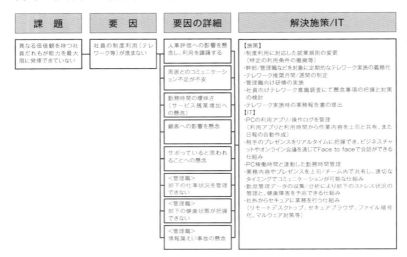

【解説】

　異なる価値観を持つ社員だれもが能力を最大限に発揮できていないという課題に対しては、ダイバーシティを推進するという前提ではあるが、ここではテレワークと働く側の事情に配慮した仕事環境にテーマを絞り、課題分析と解決策を検討していく。

　まずは、社員の制度利用(テレワーク等)が進まないという要因について、要因の詳細を見ていきたい。

　社員がテレワークの利用を躊躇する原因として、人事評価への影響を懸念することや、周囲とのコミュニケーション不足への不安、勤務時間が曖昧になりサービス残業が増えることへの懸念、また顧客への影響を懸念したり、サボっていると思われることへの懸念が考えられる。

　これを解決する施策としては、テレワークを利用できる対象者や実

施場所に関する就業規則に記載されている制限を変更する必要がある。(当社の場合、対象者は「全部門の課長以上・裁量労働適用者、総合職でフレックス制度勤務者に限る」、実施場所は「自宅のほか、サテライトオフィス、カフェなども可」としている)

そのうえで社員への利用を促進するために、管理職以上を対象に定期的なテレワーク実施を義務化し、職場に利用しやすい雰囲気を醸成する。また、テレワーク推奨月間・週間を設定するのも利用の敷居を下げる効果がある。そして、テレワーク制度開始後に社員全員を対象にテレワーク意識調査を行うことで利用した結果のメリット／デメリット、利用を躊躇している理由など、課題を把握し対策を検討する。意識調査で明確化した課題への対策としてITで解決できるところがあれば課題に応じてITを活用する。

ITについては、人事評価への懸念やサボっていると思われることへの懸念に対して、PCの利用アプリと操作ログを管理できるツールにより、テレワーク中に実施した作業内容と作業時間を上司に業務日報としてアピールすることができる。

周囲とのコミュニケーション不足への不安については、メンバーのプレゼンスをリアルタイムに共有することで、常時コミュニケーションを可能とし必要な時にはオンライン会議もできるためFace to faceで会話することによりコミュニケーション不安の解消につながるであろう。

テレワークの不安は、制度を利用する本人だけでなく上司も不安を抱えている。

物理的に離れた環境のため部下の仕事状況を管理できないことや、部下のメンタル面を含めて健康状態が把握できない懸念、情報漏えい事故に関しても懸念といえる。

この問題に対しては、PCの利用アプリと操作ログを管理できるツールは管理者にとっても部下の仕事状況を管理できるメリットがある。

<付録>

健康状態に関しては勤怠管理データの収集／分析により部下のストレス状況を管理し、メンタル疾患を予兆することも可能な「リシテア／AI分析」という自社製のソリューションを当社は利用している。

情報漏えいの懸念については、リモートデスクトップ環境、ファイルの暗号化やマルウェア対策など「秘文」というセキュリティブランドを持つ当社だけにセキュリティ面では十分な対策を行っている。

目的3：多様性を尊重する組織風土の醸成②

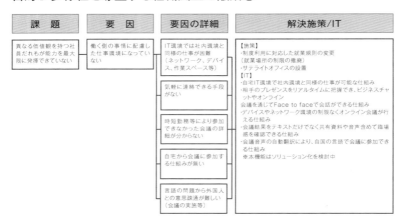

【解説】

　異なる価値観を持つ社員だれもが能力を最大限に発揮できていないという課題の2つ目は、働く側の事情に配慮した仕事環境になっていないという要因だ。要因の詳細は社内環境と同様の仕事が困難（ネットワーク、デバイス、作業スペース等）や、気軽に連絡できる手段がない、また時短勤務等により参加できなかった会議の詳細が分からない、自宅から会議に参加する仕組みがない。さらには言語の問題から

外国人との意思疎通が難しいという問題である。

　これらの問題に関しては、テレワークの課題と同等のIT環境を提供することで解決する部分もあるが、ここでの問題はテレワークを利用している時のみの課題ではなく、通常の勤務形態が時短勤務である場合や、子育てや介護の事情により在宅勤務を行っているといった事情を抱える社員が対象であるため、できる限りIT環境の制約を受けない状況が望ましい。そのためITについてはより高度な仕組みが求められるが、残念ながらリモートアクセスにはネットワークやデバイスの制約により常時快適な作業環境とまではいえない。そこで、オンライン会議についてはスマートフォン／タブレットで簡単に接続し、通常のパケット通信で帯域を十分確保できるようなオンライン会議システムがお勧めだ。また参加できなかった会議の結果は動画として保存され、議事録では伝わらない臨場感を理解することができる仕組み。また外国人との会議における言語の問題については、会議音声を自動翻訳し、母国語の異なるメンバーの発言が自国語に翻訳され端末上にリアルタイムでテキスト表示される仕組みである。この機能についてはグローバル企業からのニーズが多く、外販を目的にソリューション化を検討している。

　最後に目的別にソリューションを一覧にまとめてあるので参考にしていただきたい。

　各ソリューションの詳細については、当社の「ワークスタイル変革ソリューション」のWebサイトで確認が可能だ。

https://www.hitachi-solutions.co.jp/wsi/sp/

※ 一部のソリューションについては以下日立ソリューションズ公式サイトから検索いただきたい。https://www.hitachi-solutions.co.jp/

<付録>

目的1	目的2	目的3
仮想デスクトップ導入ソリューション	RPA業務自動化ソリューション	コラボレーションワークソリューション
リシテア/就業管理	人材データプラットフォーム CYDAS	リシテア/就業管理
テレワーク向け就業管理	文書管理/ナレッジポータル	テレワーク向け就業管理
リシテア/HRダッシュボード	AIアシスタントサービス	リシテア/AI分析
PC強制シャットダウン	活文 File Server Optimizer	仮想デスクトップ導入ソリューション
コラボレーションワークソリューション	活文 知的情報マイニング	スマートデバイス 活用支援ソリューション
AIアシスタントサービス	画像検索ソリューション	仮想デスクトップ導入ソリューション
活文 File Server Optimizer	テレワーク向け就業管理	ビデオコミュニケーションシステム
活文 知的情報マイニング	会議効率化ソリューション	会議効率化ソリューション
画像検索ソリューション	活文 Managed Information Exchange	
RPA業務自動化ソリューション		
スマートデバイス 活用支援ソリューション		
人材データプラットフォーム CYDAS		
リシテア/給与管理		

目的別ソリューション一覧

本書内容に関するお問い合わせについて

このたびは翔泳社の書籍をお買い上げいただき、誠にありがとうございます。弊社では、読者の皆様からのお問い合わせに適切に対応させていただくため、以下のガイドラインへのご協力をお願い致しております。下記項目をお読みいただき、手順に従ってお問い合わせください。

●ご質問される前に

弊社Webサイトの「正誤表」をご参照ください。これまでに判明した正誤や追加情報を掲載しています。

正誤表　https://www.shoeisha.co.jp/book/errata/

●ご質問方法

弊社Webサイトの「書籍に関するお問い合わせ」をご利用ください。

刊行物Q&A　https://www.shoeisha.co.jp/book/qa/

インターネットをご利用でない場合は、FAXまたは郵便にて、下記"翔泳社 愛読者サービスセンター"までお問い合わせください。
電話でのご質問は、お受けしておりません。

●回答について

回答は、ご質問いただいた手段によってご返事申し上げます。ご質問の内容によっては、回答に数日ないしはそれ以上の期間を要する場合があります。

●ご質問に際してのご注意

本書の対象を越えるもの、記述個所を特定されないもの、また読者固有の環境に起因するご質問等にはお答えできませんので、予めご了承ください。

●郵便物送付先およびFAX番号

送付先住所　〒160-0006　東京都新宿区舟町5
FAX番号　　03-5362-3818
宛先　　　　（株）翔泳社 愛読者サービスセンター

※本書に記載されたURL等は予告なく変更される場合があります。
※本書の出版にあたっては正確な記述につとめましたが、著者や出版社などのいずれも、本書の内容に対してなんらかの保証をするものではなく、内容やサンプルに基づくいかなる運用結果に関してもいっさいの責任を負いません。
※本書に掲載されているサンプルプログラムやスクリプト、および実行結果を記した画面イメージなどは、特定の設定に基づいた環境にて再現される一例です。
※本書に記載されている会社名、製品名はそれぞれ各社の商標および登録商標です。

【著者紹介】

松本　匡孝（まつもと　きよたか）

1989年　株式会社日立製作所入社。マーケティング業務経験を経てコラボレーション事業の立ち上げに参画し、コラボレーション分野のスペシャリストとしてセミナー講演やコンサルティングなど拡販活動に従事。2014年に株式会社日立ソリューションズにてリリースしたコンテンツ管理とセキュリティを強化した次世代型コラボレーション製品の企画・開発に参画。主にオープンイノベーションや産学連携をテーマに活動。2016年から社内の働き方改革プロジェクトに参画。現在は働き方改革プロジェクトを通じて蓄積したノウハウや知見の外販を目的に、2017年にリリースした「ワークスタイル変革ソリューション」事業にてエバンジェリストとして拡販・導入コンサルティングを担当。

【協力】

株式会社日立ソリューションズ
林　伸行（はやし　のぶゆき）

株式会社日立ソリューションズ
金子　竜也（かねこ　たつや）

Editorial & Design by Little Wing

Illustration : Yune Hikosaka

WORK STYLE INNOVATION
ワーク　スタイル　イノベーション
日立ソリューションズの働き方改革はなぜ成功したか

2019年4月10日　初版第1刷発行（オンデマンド印刷版 Ver.1.0）

著　　　者　松本　匡孝
発　行　人　佐々木 幹夫
発　行　所　株式会社翔泳社（https://www.shoeisha.co.jp）
印刷・製本　大日本印刷株式会社
©2019 Kiyotaka Matsumoto

本書は著作権法上の保護を受けています。本書の一部あるいは全部について株式会社翔泳社から文書による許諾を得ずに、いかなる方法においても無断で複写、複製することは禁じられています。本書へのお問い合わせについては、145ページに記載の内容をお読みください。落丁・乱丁はお取り替えいたします。03-5362-3705までご連絡ください。

※本書に記載されている会社名、商品名、ロゴは各社の商標、または登録商標です。

ISBN978-4-7981-6226-3　　　　　　　　　　　　　　　　　　Printed in Japan